Mannheimer Gespräche

Auf der Suche nach der verlorenen Sicherheit

Serie Piper
Band 1382

Zu diesem Buch

Die »Mannheimer Gespräche« sind ein Forum für das Zusammentreffen zwischen Wissenschaft und Öffentlichkeit. Der Austausch von Ideen und Ergebnissen zwischen Wissenschaft und Öffentlichkeit ist heute wichtiger denn je: Schließlich ist die Abhängigkeit der Öffentlichkeit von Wissenschaft so ausgeprägt wie wohl nie zuvor. Zugleich ist die Skepsis der Öffentlichkeit gegenüber dem wissenschaftlichen Fortschritt erheblich gewachsen.

Vor diesem Hintergrund veranstaltet Boehringer Mannheim die »Mannheimer Gespräche«, wobei die erste Runde dem Thema »Auf der Suche nach der verlorenen Sicherheit« gewidmet war. Der vorliegende Band enthält fünf Vorträge und Diskussionen zu diesem Thema, wobei ein Philosoph (Hermann Lübbe), ein Wissenschaftstheoretiker (Gerhard Vollmer), ein Molekularbiologe (Walter Schaffner), ein Technologie-Forscher (Günter Ropohl) und ein Theologe (Franz Böckle) zu Wort kommen.

Ernst Peter Fischer, Physiker und Biologe, geboren 1947 in Wuppertal, ist Privatdozent für Ideengeschichte in Konstanz und Autor mehrerer Sachbücher, darunter »Die Welt im Kopf« (1985), »Niels Bohr« (1987, SP 5226), »Das Atom der Biologen« (1988, SP 759) und »Kritik des gesunden Menschenverstandes« (1989). Er ist auch Herausgeber des »Mannheimer Forum« (SP 1104 und SP 1273).

MANNHEIMER GESPRÄCHE

Auf der Suche nach der verlorenen Sicherheit

Herausgegeben von
Ernst Peter Fischer

Mit Beiträgen von
Franz Böckle
Hermann Lübbe
Günter Ropohl
Walter Schaffner
Gerhard Vollmer

Piper
München Zürich

Von Ernst Peter Fischer liegen
in der Serie Piper außerdem vor:
Das Atom der Biologen (759)
Mannheimer Forum 89/90 (1104)
Mannheimer Forum 90/91 (1273)
Vom richtigen Umgang mit den Genen
(Hrsg. mit Wolf-Dieter Schleuning (1329)

ISBN 3-492-11382-6
Originalausgabe
April 1991

Umschlag: Federico Luci,
unter Verwendung des Gemäldes »Triebkräfte der Erde« (1944)
von Fritz Winter
Gesamtherstellung: Clausen & Bosse, Leck
Printed in Germany

Inhalt

Die Mannheimer Gespräche

Die Boehringer Mannheim GmbH steuert als forschendes Pharmaunternehmen seit den sechziger Jahren ihren Beitrag zu dem Versuch bei, einer interessierten Öffentlichkeit die Möglichkeit zu geben, »die Entwicklung des modernen naturwissenschaftlichen Weltbildes mitzuerleben«, wie es Hoimar v. Ditfurth einmal ausgedrückt hat, auf dessen Initiative der Erfolg dieser Entwicklung vor allem zurückgeht. Ein Beispiel dafür stellt die von ihm begründete Zeitschrift »n + m« dar, die zuerst im Jahre 1964 erschienen ist und aus der sich knapp zehn Jahre später das heutige »Mannheimer Forum« entwickelt hat, das inzwischen auch als Taschenbuch in der Serie Piper vorgelegt wird.

In den sechziger Jahren lud Boehringer Mannheim auch Hochschullehrer und Journalisten zu gemeinsamen Gesprächen ein, bei denen Fragen erörtert wurden, die aus dem wissenschaftlichen Fortschritt entstanden und für die Lebensverhältnisse von Bedeutung waren. Ein Motiv dieser Tagungen bestand darin, »bestimmte Probleme von Wissenschaftlern der verschiedensten Disziplinen gemeinsam diskutieren zu lassen«, wie Hoimar v. Ditfurth damals schrieb. Die jeweiligen Treffen fanden am Starnberger See statt, da die Firma hier in Tutzing nach dem Zweiten Weltkrieg ein neues Werk aufgebaut hatte, das viele Methoden der enzymatischen Analyse entwickelt und auf den Markt gebracht hat. In diesen »Starnberger Gesprächen« wurden zum Beispiel »Aspekte der Angst« (1964) diskutiert und »Informationen über die Information« (1968) gegeben. Dabei kamen immer auch geistesgeschichtliche und philosophische Überlegungen zum Zuge. Die Initiative zu dieser Gesprächsrunde war von dem Forschungsleiter der Firma ausgegangen, dem Physiologen Johann Daniel Achelis, der seinen damaligen Mitarbeiter Hoimar v. Ditfurth mit der Moderation betraute.

Boehringer Mannheim hat diese Tradition – nach einer längeren Unterbrechung – auf Initiative von Prof. Dietrich Nord wiederaufgenommen, der den Geschäftsbereich Kommunikation leitet und gemeinsam mit der Unternehmensführung der Meinung ist, daß ein Zusammentreffen zwischen der Wissenschaft und der Öffentlichkeit heute eher noch wichtiger als in den sechziger Jahren ist, als die Übereinstimmung zwischen beiden Bereichen noch größer war. Wir sind heute zwar abhängiger denn je von der Wissenschaft, stehen ihren Fortschritten aber eher skeptischer gegenüber. Die Wissenschaft wird längst nicht mehr ohne weiteres akzeptiert, und sie muß darauf antworten und öffentlich werden.

Die erste Runde der jetzt als »Mannheimer Gespräche« bezeichneten Zusammenkunft fand unter dem Thema »Auf der Suche nach der verlorenen Sicherheit« vom 20. bis 22.4.1990 in den Räumen des Süddeutschen Rundfunks in Mannheim statt. Wir danken dem Leiter des Studios, Dr. Kurt Stenzel, an dieser Stelle herzlich für seine Gastfreundschaft. Er und seine Mannschaft haben es verstanden, die zunächst ungewohnte Studioatmosphäre vergessen zu lassen und den Teilnehmern ein angenehmes Ambiente zu verschaffen.

Der hier vorgelegte Band beruht auf den Tonbandprotokollen der frei gehaltenen Vorträge und Diskussionen, das heißt, die entsprechenden Abschriften wurden von den Autoren und vom Herausgeber bearbeitet, da eine Rede keine Schreibe ist und deshalb nicht ohne weiteres eine Lese sein kann. Auf Fußnoten und Anmerkungen wurde verzichtet. Alle erforderlichen Hinweise zur Litertur finden sich im Anhang.

Konstanz, im Sommer 1990 — Ernst Peter Fischer

Teilnehmerliste

»MANNHEIMER GESPRÄCHE«

20. bis 22. April 1990

Dr. Ernst Peter Fischer Sonnenbühlstraße 65 7750 Konstanz Tel. 07531/61316	Moderation
Prof. Dr. Gerhard Vollmer Zaunkönigweg 5 3008 Garbsen 5 Tel. 05031/71564	Referent
Prof. Dr. Franz Böckle Am Kottenforst 46 5300 Bonn 1 Tel. 0228/251578	Referent
Prof. Dr. Günter Ropohl Kelterstraße 34 7500 Karlsruhe-Durlach Tel. 0721/44619	Referent
Prof. Dr. Hermann Lübbe Philosophisches Seminar Universität Zürich Rämistraße 71 CH-8006 Zürich Tel. 0041/1–2572277 + 2572273	Referent

Prof. Dr. Norbert Bischof
Allgemeine Psychologie
Universität Zürich
Attenhoferstraße 9
CH-8032 Zürich
Tel. 0041/1-2572138 + 2572045

Referent

Prof. Dr. Walter Schaffner
Institut für Molekularbiologie II
Universität Zürich
Hönggerberg
CH-8093 Zürich
Tel. 0041/1-3774411 + 3773407

Referent

Christian Speich
Edenstraße 20
CH-8021 Zürich

Die Weltwoche

Thomas Lehner
Schauinslandstraße 136
7800 Freiburg
Tel. 0761/2961138

SWF

Dr. Ruth Blaes
Auf dem Emmerberge 23
3000 Hannover

ZFP
(Fortbildung ARD/ZDF)

Dorothea Zimmer
Hofangerstraße 43
8000 München 83
Tel. 089/496883

Sanitas Verlags GmbH

Werner Thumshirn
Gartenstraße 7
8913 Schondorf/Ammersee
Tel. 08192/458

freier
Wissenschaftsjournalist

Thomas Grether Frankenallee 68–72 6000 Frankfurt 1 Tel. 069/759 00 40	Die Neue Ärztliche
Harald Rau Heinrich-von-Kleist-Straße 25 6905 Schriesheim Tel. 062 03/628 48	freier Wissenschaftsjournalist
Martin Thurau Masurenallee 8–14 1000 Berlin 19 Tel. 030/30 31 37 70	freier Wissenschaftsjournalist
Werner Huber Sigmaringer Straße 6 1000 Berlin 31 Tel. 030/87 27 12	freier Wissenschaftsjournalist
Walter Neusch Mannheim	Pressephotograph
Klaus Dallibor Schutzbaumstraße 36 a 6050 Offenbach-Bieber Tel. 069/89 37 32	freier Wissenschaftsjournalist
Von Boehringer Mannheim: Prof. Dr. Ulrich Abshagen Dr. Heinrich Hornef Prof. Dr. Dietrich Nord	*Vom SDR:* Dr. Kurt Stenzel Gisela Rietbrock Hannelore Jourdan

Boehringer Mannheim GmbH
Sandhofer Straße 116
6800 Mannheim 31
Tel. 0621/759–28 18/35 02

Ernst Peter Fischer

Auf der Suche nach der verlorenen Sicherheit

Eröffnung der Mannheimer Gespräche im April 1990

Die Frage nach der Sicherheit ist ein aktuelles Thema. Das erste deutsch-deutsche Gespräch auf Ministerebene nach den freien Wahlen in der DDR betrifft die »innere Sicherheit«, wobei inzwischen niemand mehr an die »Staatssicherheit« oder gar die »Securitate« denkt.

Die Frage nach Sicherheit ist auch ein anerkannt wissenschaftliches Thema geworden. Im September dieses Jahres findet in Köln der 1. Weltkongreß für Sicherheitswissenschaft unter dem Thema »Leben in Sicherheit« – »Living in Safety« – statt. Es geht dabei darum – so die Einladung –, »eine *Handlungsstrategie* und eine *Philosophie* zu formen«, um so »eine Verbesserung der *Harmonie des Menschen mit der Technik*« zu erreichen. Veranstalter des Kongresses ist der TÜV Rheinland, und für DM 1200,– (inkl. MwSt.) kann jedermann teilnehmen.

Die Frage nach der Sicherheit spielt auch ihre besondere Rolle auf der Klimakonferenz, die gerade im Weißen Haus in Washington stattfindet. Präsident Bush hat in seiner Eröffnungsrede deutlich gemacht, daß er von den Klimaforschern zwar sichere Auskünfte erwartet, daß er sie aber nicht bekommt. Kein Wissenschaftler könne ihm verläßlich sagen, was die Ursachen für die Erwärmung der Erde sind und in welche Richtung sich unser Klima entwickelt. Aus dieser Unsicherheit hat der Präsident nun den Schluß gezogen, daß es zu früh ist, etwas zu tun. Der Präsident vergißt dabei – wie inzwischen viele Kommentatoren angemerkt haben –, daß ein Arzt erst dann sicher sagen kann, woran sein Patient gelitten hat, wenn der bereits tot ist. Eingreifen muß der Arzt natürlich schon, wenn er einen Verdacht hat.

Daß nicht die Sicherheit, sondern die Unsicherheit das Markenzeichen der Wissenschaft ist, diese Erfahrung scheint charakteristisch für den Fortschritt der Wissenschaften in unserem Jahrhundert zu sein. Dabei zeigte sich an seinem Beginn noch eine andere Perspektive. Der große Mathematiker David Hilbert hielt zur Jahrhundertwende eine Rede, in der er seinen Kollegen einige grundlegende Probleme vorlegte, die es in den kommenden Jahren zu lösen galt. Er zitierte dabei Karl Weierstraß, der im 19. Jahrhundert geschrieben hatte: »Das Endziel, welches man stets im Auge behalten muß, besteht darin, daß man über die Fundamente der Wissenschaft ein sicheres Urteil zu erlangen suche.«

Hilbert rief den Mathematikern seiner Zeit zu: »Wir hören in uns den steten Zuruf: Da ist das Problem, suche die Lösung. Du kannst sie durch reines Denken finden; denn in der Mathematik gibt es kein Ignorabismus.«

Auf der anderen Seite des wissenschaftlich-technischen Spektrums findet man die vollkommen gleiche Überzeugung, daß alles lösbar bzw. machbar und kontrollierbar ist. Carl Duisberg, der als Generaldirektor bei Bayer einer der IG Farben-Manager wurde, blickte in den 30er Jahren stolz auf die deutsche Industrie und ihre überlegene Produktionsweise, für die er auch einen Grund wußte: »An die Stelle der Zufallserfolge der früheren Jahre«, so schrieb er einmal, »trat die wissenschaftliche Sicherheit.« Wissenschaft stand in seiner Zeit für Sicherheit, Wissenschaft garantierte festgelegte und kontrollierte Vorgehensweisen und damit Fortschritt und Erfolg.

Heute herrscht nun eine andere Ansicht vor. Heute breitet sich – so der Technikhistoriker Joachim Radkau – eine neue »Sicherheitsphilosophie« aus, nämlich, »daß man mit dem Schlimmsten rechnen müsse«, »das Ausmaß des atomaren Risikos erzwang die Berücksichtigung hypothetischer und unwahrscheinlicher Störfälle«.

Der »Risikofaktor Mensch« taucht wieder auf, und wenn von den »inhärenten Risiken der Gentechnik und den Defiziten der Risikodebatte« – so im Titel eines Aufsatzes von Regine Kollek – die Rede ist, kann man auf einer einzigen Seite die Begriffe Sicherheitsfrage, Sicherheitsdebatte, Sicherheitsmaßnahmen, Sicherheitsbewußtsein, Sicherheitskonzeption, Sicherheitssystem und sicher noch einige mehr finden.

Selbst die Mathematik ist nicht von Unsicherheit verschont geblieben. Als Carl Duisberg seine »wissenschaftliche Sicherheit« lobte, wies Kurt Gödel nach, daß Hilberts Hoffnung – »Wir müssen wissen, wir werden wissen« – vergeblich war. Gödel zeigte, daß es in jedem formalen arithmetischen System wahre Sätze gibt, die nicht bewiesen werden können. Sie sind also unentscheidbar.

Gödels Theorem über die Unvollständigkeit wurde von dem britischen Mathematiker Alan Turing in die Sprache der Computer übertragen. Turing entwarf eine Maschine – die Turingmaschine –, die die angesprochenen mathematischen Probleme lösen könnte, wenn sie rechtzeitig – das heißt, in endlicher Zeit – anhalten würde. Er zeigte nun, daß es kein Verfahren gibt, mit dem man entscheiden kann, ob ein beliebiges Programm seine Arbeit beenden und haltmachen wird. Dieses sogenannte Halteproblem der Turingmaschine, das hier nur grob angedeutet werden kann, entspricht der Unentscheidbarkeit, die Gödel gezeigt hatte.

Aus dieser Ungewißheit gab es immer noch eine Art Ausweg. Vielleicht konnte die Mathematik zu statistischen Sicherheiten übergehen und die Wahrscheinlichkeit angeben, mit der die Turingmaschine bei einem gegebenen Problem anhält. Zumindest sollte herauszufinden sein – so hofften viele Mathematiker bis vor kurzem –, daß eine solche Haltwahrscheinlichkeit existiert und im Prinzip angegeben werden kann. Doch auch dies trifft nicht zu, wie der amerikanische Mathematiker Gregory Chaitin 1988 nachgewiesen hat. Die Haltewahrscheinlichkeit einer Turingmaschine ist »algorithmically random«, wie er schreibt, sie ist vollkommen chaotisch, und das heißt, selbst im Zentrum der reinen Mathematik herrscht keine Ordnung, und das sichere Urteil, das Weierstraß über die Fundamente der Wissenschaft erlangen wollte, bleibt eine Illusion.

Die Wissenschaft ist also verunsichert, und die Öffentlichkeit wird durch viele Widersprüche verunsichert. Dies sind Zeichen einer Krise, und in solchen Zeiten ertönt der Ruf nach der Philosophie. In den Worten von Günter Ropohl: »Krisen... verlangen nach Philosophie – und zwar sowohl in ihrer fundierenden wie auch in ihrer kritischen und ihrer sinnproduzierenden Funktion.«

Es liegt also nahe, die Frage nach der Sicherheit zuerst unter einem philosophischem Blickwinkel zu betrachten, und ich freue mich, Ihnen als ersten Referenten Hermann Lübbe vorstellen zu können, der Professor für Philosophie und politischen Theorie in Zürich ist. Herr Lübbe stammt aus Ostfriesland, er hat neben den beiden erwähnten Fächern auch Religion studiert und zunächst in Bochum und Bielefeld Philosophie unterrichtet. Am Ende der sechziger Jahre war Herr Lübbe vier Jahre lang Staatssekretär am Kultusministerium in Nordrhein-Westfalen, bevor er den Ruf nach Zürich annahm. Von seinen zahlreichen Büchern nenne ich nur zwei Titel, »Religion der Aufklärung« aus dem Jahre 1986 und »Fortschrittsreaktionen« aus dem Jahre 1987. Ich habe Herrn Lübbe gebeten, über »Die schwarze Wand der Zukunft« zu sprechen, wobei der Titelausdruck von ihm selbst stammt. Unsere Unsicherheit wächst, weil »die schwarze Wand der Zukunft immer näher auf uns zurückt«, wie Herr Lübbe einmal in einem Vortrag über die Apokalypse formuliert hat. Darf ich Sie um Ihren Beitrag bitten?

Hermann Lübbe
Die schwarze Wand der Zukunft

Das Thema Sicherheit erfreut sich nicht nur in den Medien, sondern auch in den wissenschaftlichen Einrichtungen gegenwärtig einer geradezu modischen Aufmerksamkeit. Ich könnte Ihnen spontan drei interdisziplinär besetzte Vorlesungsreihen zu diesem Thema, alleine an deutschsprachigen technischen Hochschulen, nennen. Die Universität Köln am Rhein hat es sogar für angemessen gehalten, die herausragende Gelegenheit ihrer 600-Jahre-Feier zum Anlaß zu nehmen, einen großen, international besetzten Kongreß gleichfalls zum Thema Sicherheit auszurichten. Neuerdings publiziert ja auch unser Bundeskanzleramt eine Reihe wissenschaftlicher Abhandlungen. Es ist kein Zufall, daß die erste Abhandlung aus der Feder des früher in Mannheim und jetzt in Berlin tätigen Soziologen Zapf wiederum dem Thema Sicherheit gewidmet ist, in diesem Falle freilich der sozialen Sicherheit.

Ich könnte noch viele andere Beispiele bringen. Das erübrigt sich, und ich wende mich gleich den Gründen dieser rasch wachsenden Aufmerksamkeit zu, die das Thema Sicherheit findet. Jedes aufgeweckte Fernsehkind wäre wohl in der Lage, einen Grund gleich zu nennen. Es würde sagen: Es liegt wohl daran, daß wir objektiv immer unsicherer und gefährdeter existieren. Dieses aufgeweckte Fernsehkind hätte auch gar keine Schwierigkeiten, auf einige Industriegroßkatastrophen unseres Jahrzehnts, des letzten Vierteljahrhunderts hinzuweisen. Tschernobyl steht prototypisch dafür. In der Tat, das war eine Industriekatastrophe des ganz großen Ausmaßes, eine Jahrhundertkatastrophe. Zunächst sprach man von 36 Toten. Inzwischen ist, nachdem das Prinzip Glasnost sich gefestigt hat, von 200 Toten die Rede. Ein Areal mit dem Radius von 30 km – das sind etwa 2800 km² – hat für vorerst unabsehbare Zeit geräumt werden müssen. Dieses Areal ist gegenwärtig sogar noch etwas größer geworden. 130000 Menschen sind von der Umsiedlung betroffen gewesen. Die materiellen Kosten sind exorbitant, nicht nur die Produktionsausfallkosten, vor allem auch die Dekontaminierungskosten. Sie bewegen sich in der Höhe von mehreren Dutzend Milliarden Dollar.

Nun könnte man freilich auch eine Gegenrechnung aufmachen. Die sähe ungefähr so aus: Die Zahl der Toten, die man pro Einheit nach aller statistischen Evidenz für die Erzeugung von Energie durch Verbrennung verschiedener Kohlenwasserstoffe in Kauf zu nehmen hat, in diesem Falle insbesondere der Kohle, ist um das Vieldutzendfache größer als die Zahl der Toten, die die Erzeugung von Kernenergie bislang gekostet hat. Die Nichtbewohnbarkeit der Areale ist aber gleichfalls erheblich bei der Erzeugung von Elektroenergie aus der Wasserkraft, und sie ist noch einmal erheblich im Braunkohlentageabbau, wo Riesenareale für lange Zeit unbewohnbar werden. Wenn man sie denn nicht unbewohnbar läßt wie nördlich des Erzgebirges, sondern wieder rekultiviert wie links des Rheins, am Niederrhein, dann sind auch materielle Kosten aufzubringen, die durchaus mit den Dekontaminierungskosten vergleichbar sind, die in Tschernobyl angefallen sind. So kann man hin und her argumentieren, wenn man die Frage erwägt: »Leben wir denn nun in unserer technisch-industriellen Zivilisation unsicherer, oder tun wir das eher nicht?« Hat also das Fernsehkind, das ich noch einmal apostrophiere, recht, oder hat es eher nicht recht?

Eine These und sieben Gründe

Meine These ist: Es kommt auf die Beantwortung dieser Frage überhaupt nicht an, wenn man verstehen will, wieso in der modernen Zivilisation die Risikoakzeptanz, und zwar mit der wachsenden Zivilisationshöhe, dramatisch abnimmt oder, umgekehrt formuliert, das Sicherheitsverlangen zunimmt. Noch einmal: Es kommt auf die objektive Sicherheitslage gar nicht an.

Ganz unabhängig davon gibt es Gründe, die plausibel machen, wieso die Risikobereitschaft nachläßt und das Sicherheitsverlangen wächst. Das gilt für alle hochentwickelten Gesellschaften. Es gilt natürlich nicht für die sogenannte Dritte Welt, und es galt auch bislang nicht in der Welt des einmal real existent gewesenen Sozialismus. Welche Gründe hat das?

Aus der Fülle der Gründe will ich sieben auswählen. Ich werde jetzt so verfahren, daß ich diese sieben Gründe, die ich behandeln werde, zunächst benenne. Ich weiß wohl, daß die pure Benennung den Durchblick auf das Gemeinte nicht sofort in voller Klarheit gestattet, aber die Erläuterung kommt anschließend. Zum Schluß, hoffe ich, sind die eingangs benannten Gründe dann voll durchsichtig.

Um welche Gründe handelt es sich also? Zunächst die Benennung. 1. Die Bereitschaft zur Hinnahme von Lebensrisiken sinkt mit der Zunahme des Anteils derjenigen Lebensvoraussetzungen, die unsere eigenen Hervorbringungen sind. Das ist zugleich eine wesentliche Charakteristik des Zivilisationsprozesses, nämlich der rasche Anstieg derjenigen Lebensvoraussetzungen, die als Resultate unserer eigenen Arbeit zustande kommen. Je mehr dies der Fall ist, um so empfindlicher werden wir gegen Risiken, um so höher wird unser Sicherheitsverlangen. 2. Risikoerfahrungen intensivieren sich mit der Zunahme der naturalen und dann auch sozialen Eingriffstiefe unseres technisch instrumentierten kollektiven Handelns. Diese Risikoerfahrungen intensivieren sich noch einmal mit der Zunahme unseres Wissens über diese Eingriffstiefe. 3. Unsicherheitserfahrungen nehmen zu mit der Größenordnung zivilisationsspezifischer Erfahrungsverluste. Erfahrungsverluste ist dabei das entscheidende Stichwort. 4. Unsicherheitserfahrungen intensivieren sich mit objektiv rückläufiger Kalkulierbarkeit der Zukunft, die uns bevorsteht. Das ist die näher rückende schwarze Zukunftswand. 5. Unsicherheitserfahrungen intensivieren sich in demselben Maße, in welchem der Informationsraum expandiert über den Handlungsraum hinaus. (Ich weiß wohl, daß das in besonderer Weise nicht spontan verständlich ist, aber es wird ja, wie gesagt, erläutert.) 6. Unsicherheitserfahrungen intensivieren sich mit nachlassender sozialer Kontrolle, und nachlassende soziale Kontrolle ist für hochkomplexe moderne Gesellschaften spezifisch. 7. und letztens für den heutigen Abend: Das Sicherheitsverlangen wächst mit der Höhe des bereits erreichten technischen und sozialen Sicherheitsniveaus. Je sicherer wir leben, um so empfindlicher werden wir gegen Sicherheitseinbußen. Das klingt zunächst paradox, wird aber plausibel werden.

Die Wandlung der Lebensvoraussetzungen

Das war die Benennung, die Kennzeichnung der Gründe. Jetzt komme ich zu ihrer Erläuterung. Zunächst also zum ersten Grund, den ich folgendermaßen gekennzeichnet hatte: Das Sicherheitsverlangen wächst mit der Zunahme des Anteils derjenigen Lebensvoraussetzungen, die zugleich unsere eigenen Hervorbringungen sind. Das mag man sich, um es anschaulich zu haben, an einem medizinkulturellen Beispiel deutlich machen. Werdende Mütter bedurften immer schon der Tröstung, wenn sie ihr sehnlichst erwartetes Kind durch einen unerwarteten Abortus verloren. In früheren Epochen unserer Zivilisation blieb dann im Regelfalle nichts anderes übrig, als sich, um die Sprache der Frommen zu sprechen, in den unvordenklichen Ratschluß Gottes zu schicken. In einer völlig anderen Lage befindet sich in Abhängigkeit von den außerordentlichen Fortschritten der perinatalen Medizin – ich denke an Amniozentese, Fruchtwasseruntersuchung – diejenige Mutter, die den Verdacht nicht ausschließen kann, daß sie ihr gleichfalls sehnlichst erwartetes Kind verloren hat in der Konsequenz des ärztlichen Eingriffs zur Untersuchung des Gesundheitszustandes des Nasciturus. Daß dabei das Kind verlorengeht, kommt sehr selten vor, aber es kommt vor. Die Zahl der werdenden Mütter, die sich dieser Untersuchung unterziehen, wächst ja ständig. Der Zweck ist, einen Abbruch der Schwangerschaft einzuleiten, wenn ein gravierender Schaden des Nasciturus festgestellt ist. Das ist ein Bestand, den ich nicht weiter kommentieren will, obwohl es ja eine gewisse Evidenz hat, daß eine solche Entscheidung treffen zu müssen gleichfalls zu den spezifisch modernen Lebenslasten gehört.

Diese Mutter, die das Beste für ihr werdendes Kind tun wollte und es gerade deswegen verlor, sie befindet sich in einer gänzlich anderen Lage. Daß immer die religiöse Lebensorientierung auch in solchen Fällen die Orientierung der letzten Instanz bleibt, ist unbestritten, aber vorweg wird sie zunächst einmal in Selbstanklage verfallen im Unterschied zu der früheren Mutter. Das geht nach dem Muster: Oh, hätte ich doch nicht...! Hat sie diese Phase überwunden, dann wird sie aber auch den nach ihrer Meinung fehlbaren und vielleicht auch tatsächlich fehlbaren Arzt mit einer Haftklage überziehen, d. h., sie geht vor den Zivilrichter.

Man erkennt jetzt schon den Hintergrund, warum die Haftpflichtverträge, die unsere Ärzte, um ihren Beruf überhaupt ausüben zu können, abschließen müssen, Verträge über immer höhere Haftsummen sind. Verwandlung von Lebensvoraussetzungen, in diesem Falle sogar die eigene Existenz betreffend, in Handlungsresultate. Es legt sich damit dann auch eine Atmosphäre der allgemeinen Schuldsuche, des öffentlichen Moralismus, der Suche nach Schuldigen über die ganze moderne Zivilisation.

Es hängt im wesentlichen damit zusammen, daß wir bereit sind, hohe Grade der Risiken einzugehen, wenn wir zumindest glauben, Herr der Handlung zu sein. Sonst wäre der Pkw-Verkehr gar nicht verständlich, aber auch nicht bestimmte Formen des Extremsports. Selbsteingegangene Risiken werden gern getragen.

Hochentwickelte Zivilisation bedeutet, daß wir über immer größere soziale Räume hinweg vom Handeln entfernter anderer abhängig sind. Das daraus resultierende Risiko wird nicht akzeptiert. Da diese Abhängigkeit von dem entfernten Handeln anderer zunimmt, nimmt somit die Risikoempfindlichkeit in modernen Gesellschaften zu.

Ich kann den zitierten Fall noch etwas zuspitzen. Dann treibe ich es ins Extrem. Ich sagte ja, der Zweck jener pränatalen Untersuchungen ist, daß man die Schwangerschaft abbrechen kann, wenn ein schwerer, nicht behebbarer Schaden beim Nasciturus diagnostiziert wird. Nun kommt es zwar selten, aber eben doch vor, daß der untersuchende Arzt die werdende Mutter beruhigt und sagt: »Seien Sie ganz beruhigt; Sie werden nach weiteren sechs Monaten ein gesundes, lebensfrisches Kind in der Wiege finden.« Statt dessen liegt aber ein Krüppel da. Als Krüppel kamen wir freilich auch früher gelegentlich zur Welt, und es blieb einzig die religiöse Kultur als die Form der Bewältigung dieses Bestandes. Jetzt können wir hinter diesem Bestand Handlungen erkennen. Nun ist die Lage eine ganz andere. Auch in diesem Falle hat das, in den USA zuerst, zu jenen Haftpflichtprozessen geführt, causa Wrongful birth, in denen man Ersatz für den Schaden begehrt, als den man die eigene beschädigte Existenz erfährt im Kontrast zur eigentlich gewünschten Nichtexistenz. Mit diesem Klagebegehren sind die fraglichen Säuglinge, vertreten durch ihre Eltern und Anwälte, vor Gericht gezogen, in den USA zuerst, inzwischen auch in der Bundesrepublik.

Man darf nun konstatieren, daß es ein schöner Beweis für die insoweit unbeschädigte Solidität unserer Rechtskultur ist, daß diese Klagen regelmäßig abgewiesen worden sind – mit dem plausiblen Argument, daß ja die zur Haftpflichtentschädigung immer gehörige Kalkulierbarkeit des Schadens eben in diesem Falle nicht gegeben ist. Denn wie wollen Sie den Schaden einer Existenz in Relation zur eigentlich gewünschten Nichtexistenz quantifizieren? Das geht nicht. Man kann das auch literarisch ausdrücken und sagen: Immer schon gab es die aus der Archaik stammende Klage: Oh, wäre ich nie geboren! Doch dazu hat der Wiener Publizist Alfred Polgar schon in den zwanziger Jahren den Kommentar gegeben: Aber wem passiert das schon?

Nun findet man sich also in dieser Lage vor, und zwar als ein sogar bis in die eigene Existenz hinein handlungsabhängiges Wesen. Sich als dieses zu akzeptieren und damit die kulturell höchste und nur im Kontext religiöser Kultur erreichbare Leistung nun zu erbringen, nämlich die der Selbstakzeptanz, ist unter solchen Bedingungen erschwert, wie man erkennt.

Die zunehmende Eingriffstiefe unseres Handelns

Ich gehe zum zweiten Grund abnehmender Risikoakzeptanz über. Der lautete ja: Die Risikoerfahrung intensiviert sich in demselben Maße, wie die Eingriffstiefe, die soziale und naturale Eingriffstiefe unseres technisch instrumentierten Handelns, zunimmt und zugleich auch unser Wissen von dem, was wir, indem wir etwas Vernünftiges tun, überdies noch anrichten.

Das ist natürlich der eingangs erwähnte Tschernobyl-Fall. Da kann man sagen: Es ist ja in der Tat so, daß die Größenordnung der Schäden in der modernen Zivilisation zunimmt. So scheint es jedenfalls zunächst zu sein. Man übersieht dabei gern jene außerordentlichen Schäden, ihre außerordentlichen Dimensionen, die auch schon durch das zivilisationsspezifische Handeln in früheren Kulturepochen angerichtet worden sind, allerdings unter dem Schleier des Unwissens. Die Desertifikationsprozesse, die in der Spätantike in Nordafrika stattgefunden haben, sind nicht erst zuletzt, sondern sogar in erster Linie zivilisationsbedingt gewesen, wie die Historiker unter den Geographen wissen. Aber alles dieses geschah noch unter dem Schleier des Unwissens, während heute Schäden ganz außerordentlicher Dimension durch uns selbst bewirkt werden, und jedermann bekommt Kenntnis davon.

Wenn man die Sache so darstellt, übersieht man allerdings, daß das, was wir ein Risiko nennen, ja nicht gleichzusetzen ist mit dem Schadensausmaß von Handlungen mit Schadensfolgen. Die Versicherer, die schon im 17. Jahrhundert allmählich ins Geschäft kamen, hätten ja Versicherungsverträge niemals schließen können, indem sie sich bloß am Schadensausmaß von Handlungen, für die Versicherung begehrt wurde, orientiert hätten. Sie brauchten immer neben dem Schadensausmaß zugleich eine statistische Kenntnis der Eintrittswahrscheinlichkeit eines Schadens. Ein trivialer und bekannter Bestand: Risiko kann man nur sinnvoll – auch praktisch sinnvoll – definieren als Schadensausmaß multipliziert mit Eintrittswahrscheinlichkeit.

Notabene – das ist eine kleine wissenschaftsgeschichtliche Anmerkung –, man versteht plötzlich, wieso man im Mittelalter, auch noch nicht im Spätmittelalter, von der Antike ganz abgesehen, niemals Versicherungen als Geschäft hätte etablieren können. Das war deswegen nicht möglich, weil Wahrscheinlichkeitsrechnung zu den modernen, modernitätsspezifischen, neuzeitlichen wissenschaftlichen Disziplinen gehört. Ohne sie wären niemals Feuerversicherungen oder Lebensversicherungen einrichtbar gewesen. Sozialpsychologisch sind wir aber hinter dem Stand der Orientierung, der auf der Grundlage der Wahrscheinlichkeitsrechnung möglich wäre, weit zurückgeblieben. Die Einschätzung unserer Lage, ob wir sicher oder unsicher existieren, ist weitaus mehr durch das Schadensausmaß der uns bedrohenden Unglücksfälle bestimmt als durch die Eintrittswahrscheinlichkeit. So orientieren wir uns alle.

Mir selbst ist das zum erstenmal aufgegangen, als ich die Verhaltensweise eines befreundeten jüngeren Ehepaares zur Kenntnis nahm, beide Wissenschaftler, beide sehr oft zu Gast bei internationalen Kongressen. Sie haben noch jüngere, ihres Schutzes und ihrer Hilfe bedürftige Kinder. In deren Interesse fliegen sie niemals mit einem Flugzeug, sondern immer in zwei Flugzeugen hintereinander her, um die Wahrscheinlichkeit – so weit reicht dann die Kunst in der Wahrscheinlichkeitsrechnung – drastisch abzusenken, daß die Kleinen auf einmal zu Vollwaisen werden. Hingegen haben dieselben Eltern nicht die geringsten Schwierigkeiten, gemeinsam den heimischen Pkw zu benutzen, obwohl ihnen jeder Unfallstatistiker sagen kann, daß pro Person und Reisekilometer die Benutzung eines Pkw ungleich gefährlicher ist als die gemeinsame Benutzung eines Flugzeugs. Das ist nur plausibel zu machen durch das Faktum, daß wir, wenn nicht a priori, so doch immer noch kulturgeprägt, unsere Sicherheit am Schadensausmaß abschätzen und nicht an dem, was wirklich das Risiko darstellt.

Ob sich das ändern wird, vermag ich nicht abzuschätzen. Gegenwärtig ist es so, und auch die Medien verhalten sich so. Die Aufsummierung der Gesamtstraßenverkehrstoten pro Jahr – die lagen früher schon einmal bei 12000 bis 14000, inzwischen sind sie ständig abgesunken trotz Zunahme des Verkehrs und liegen zwischen 7000 und 8000 – ist eine Meldung auf hinteren Zeitungsseiten. Dagegen genügt ein einziger kleinerer Flugzeugunfall mit 12 Toten, und schon ist es zumindest in der Regionalpresse eine Spitzenmeldung. Auch dieses Verhalten in der Berichterstattung kann man sich nur durch dieses Quasigesetz erklären, daß wir vom Schadensausmaß beeindruckbar sind und nicht durch das Risiko.

Zivilisationsspezifische Erfahrungsverluste

Der dritte Grund abnehmender Risikoakzeptanz verband sich mit dem Stichwort Erfahrungsverluste. Sie sind zivilisationsspezifisch. Was ist damit gemeint?

Das macht man sich am besten klar durch Rückblick auf ein sehr einfaches Datum unserer Sozial- und Wirtschaftsgeschichte. Bei unseren Sozial- und Wirtschaftshistorikern können wir lernen, daß vor etwa 200 Jahren, d. h. vor dem eigentlichen Takeoff des Industrialisierungsprozesses, auch bei uns, von Region zu Region etwas wechselnd, zwischen 70 und 80% aller Menschen in der Urproduktion, d. h. zumeist in der Landwirtschaft, in der Fischerei oder auch in einigen anderen, weniger bedeutsamen Urproduktionszweigen, tätig waren.

Es liegt mir nun vollständig fern, sozusagen spätrousseauistisch das einfache Leben in agrarisch bestimmten Gesellschaften zu rühmen. Einen solchen Lobpreis des einfachen Lebens würde einem vielleicht wohl schon der Blick auf die damalige durchschnittliche Lebenserwartung im Halse steckenbleiben lassen, die nämlich weniger als die Hälfte der heutigen betrug. Aber kein Ding hat nur Vorteile oder nur Nachteile. So waren in der Tat mit dem Leben in vorindustriellen Gesellschaften auch gewisse Lebensvorzüge verbunden. Der Lebensvorzug, auf den es mir hier ankommt, bestand darin, daß damals die übergroße Mehrheit der Menschen eine höchst anschauungsgesättigte und lebenserfahrungsstabilisierte Beziehung zu den realen Voraussetzungen ihrer physischen und sozialen Existenz unterhielt. Man kann das mit leichter Emphase auch so ausdrücken: Sie kannten das Leben.

Wenn wir es ökonomisch ausdrücken, heißt das: Der kleinere bäuerliche Familienbetrieb war durch eine hochgradige Autarkie gekennzeichnet. Autark war man selbst in bezug auf materielle Lebensvoraussetzungen, hinsichtlich deren heute an Autarkie denken zu wollen nicht mehr im Traume möglich wäre. Sie waren autark selbst in bezug auf Energie und Wasser. In Lebensverbringung gespiegelt, heißt das, Marktgänge, wo man sich durch Einkauf der Hervorbringungen der Arbeit anderer zu bedienen hatte, waren sehr selten. Zwei oder drei Marktgänge pro

Jahr, immer mit den Kirchtagen verbunden, genügten, um dann das für Konservierungszwecke unentbehrliche Salz einzukaufen oder auch etwas komplizierteres bäuerliches Eisenzeug, welches der Dorfschmied nicht herzustellen vermochte, Ketten etwa, oder auch einmal im Leben ein dunkles Gewand, in dem man später auch begraben wurde, während wir heute alle täglich mehrere Male irgendwelche kleineren oder größeren Einkäufe tätigen.

Hat man das vor Augen – und das sind ja nur Veranschaulichungen; es ist ja bekanntes Wissen –, dann sieht man plötzlich, daß es noch nie eine Zivilisation gegeben hat, die kraft individueller Lebenserfahrung ihre Lebensbedingungen weniger verstanden hätte als unsere eigene. Zwar sind wir alle Fachleute, hochrangige dazu, aber noch immer auf einem anderen Gebiet als unser Banknachbar, jedenfalls in gemischten Gesellschaften. In einer solchen Gesellschaft, sage ich, kann man nur leben, indem man Vertrauen aufbringt. Vertrauen ist hier gar kein feierlich gemeintes Wort. Vertrauen ist hier gemeint als das Vertrauen in der schlichten funktionalen Nötigkeit des Vertrauens in die Solidität der Leistungen des uns jeweils benachbarten Fachmanns.

Daß wir heute alle auf das Vertrauen in dieser Charakteristik angewiesen sind – wir, nicht frühere Zivilisationen; die waren autark auch in bezug auf die Sicherung der Lebensbedingungen –, kann man sich sehr leicht anschaulich machen, indem man sich einmal die kleine Mühe und das große Vergnügen bereitet, die Menge der Vertrauensakte aufzulisten, die wir täglich setzen müssen, um psychisch unbeschädigt durch den Tag zu kommen: vom morgendlichen Einnehmen des ärztlich verordneten Medikaments – ein hoch vertrauensabhängiger Akt – bis, sagen wir, zur berufspraktischen Benutzung des Taschencomputers, der ja heute schon so klein gefertigt wird, daß wir ihn in die Westentasche stecken können, etwa als Statiker. Als Statiker haben wir zwar ein naturwissenschaftlich-technisches Studium hinter uns, sind aber doch bei diesem Studium gleichwohl im Regelfall nicht in der Lage, die Mathematik der Vorgänge oder gar die Festkörperphysik der Vorgänge hinter der Deckplatte des Taschenrechners kraft eigener Urteilszuständigkeit zu beurteilen. Das heißt, dieser Taschenrechner, von dem ja in der Länge der Zeit die Sicherheit von Millionen Verkehrsteilnehmern beim Brückenbau abhängt, ist auch für den ihn benutzenden Statiker im wesentlichen eine Black box. Wenn wir unter Geisteswissenschaftlern wären, dann könnte man der Mehrzahl der in einer solchen Runde Versammelten auf den Kopf zusagen: Für euch ist auch das, was sich unter der Deckplatte eures Pkw, d. h. unter der Motorhaube abspielt, im wesentlichen eine Black box.

Man kann diesen aus der Computertechnik und -theorie stammenden Ausdruck sozusagen metaphorisch für unsere Befindlichkeit in der modernen Zivilisation generell nehmen. Wir leben in der modernen Zivilisation immer mehr in einer Black-box-Zivilisation. Nie zuvor waren unsere zivilisatorischen Lebensvoraussetzungen für uns so sehr Black box wie für uns in der modernen Zivilisation. Zwar ist das kulturell verfügbare Wissen historisch beispiellos groß, und es wächst immer noch, und zwar exponentiell. Aber um so unmöglicher wird es ja, es durch das Nadelöhr des individuellen Bewußtseins zu ziehen, und das ist die entscheidende Bezugsgröße unter Befindlichkeitsaspekten.

Die außerordentliche Solidität und Zuverlässigkeit der technisch-industriellen Zivilisation wird nun durch nichts eindrucksvoller unter Beweis gestellt als dadurch, daß dieser so hoch nötige Vertrauenskitt sich als überaus solide erweist. Wir wären ja nicht lebensfähig, wenn nicht dieses Vertrauen täglich, alltäglich sich auf die eindrucksvollste Weise bestätigte, eindrucksvoll allerdings nur, wenn man einmal darüber nachdenkt. Sonst wird dies sozusagen als Hintergrundserfüllung wie selbstverständlich in Anspruch genommen. Wir können allerdings beobachten, daß dieser so hoch nötige Vertrauenskitt, auf den man in vormodernen Gesellschaften gar nicht angewiesen war, hier und da bröckelig zu werden beginnt. Das ist spätestens in den Zusammenhängen jener Anhörungen der Fall, bei denen die politischen Entscheidungsgremien Fachleute heranziehen, insbesondere wenn technologiepolitische Großentscheidungen zu treffen sind, daß bei solchen Anhörungen die Fachleute, denen wir doch müßten vertrauen können, sich ihrerseits mit Anzeichen wachsender moralischer Erbitterung uneins zeigen.

Diese wachsende moralische Erbitterung drückt sich dann aus in der Expression: Aber Herr Kollege, wie können Sie nur! Die moralische Erbitterung, der Moralismus überhaupt, wächst immer in demselben Maße, wie die Sachgrundlagen unserer sozialen Koexistenz dünn und schütter werden. Dann schalten wir sozusagen von der kompliziert gewordenen Entscheidung »richtig oder falsch« um auf die immer einfache Entscheidung »gut oder böse«. Das erklärt übrigens den Zuwachs des Moralismus in hochkomplexen Gesellschaften, die permanente Suche nach Schuldigen.

Das Theorem von Popper

Ich komme nun zu der schwarzen Wand der Zukunft.

Die These lautet: Es hat noch nie eine Zivilisation gegeben, die über die Zukunft, die ihr bevorsteht, weniger gewußt hätte als unsere eigene. Der Grund ist sehr einfach. Jeder, der mit dem Planungsgeschäft einmal zu tun hat – planen kann man ja nur, wenn man die Realitätsprämissen künftigen Handelns in die Zukunft hinein einigermaßen sicher kalkulieren kann –, der weiß, daß eine solche Kalkulation der zukünftigen Realitätsprämissen, der Realitätsprämissen künftigen Handelns, immer schwieriger wird. Sie wird im selben Maße schwieriger, je größer die Menge der unsere Lebenssituation verändernden Ereignisse pro Zeiteinheit wird.

Man kann das auch umgekehrt so ausdrücken: Was immer das Leben der Menschen in früheren Epochen belastet gemacht haben mag – man hatte den ungemeinen Vorzug, über die Zukunft, die einem bevorstand, ungleich Verläßlicheres sagen zu können, als wir das heute können. Der Grund ist sehr einfach. Es passierte einfach viel weniger, so daß die Wahrscheinlichkeit sehr viel größer war, daß die Welt in fünf, zehn oder gar fünfzig Jahren der eigenen Lebenswelt in wesentlichen Hinsichten gleichen werde. Ich nenne dieses Phänomen auch gerne Gegenwartsschrumpfung, d. h., die chronologische Extension der Zeit nimmt ab, für die wir mit konstanten Lebensverhältnissen rechnen können.

Es gibt sogar einen Grund zu sagen, daß man in einer sogenannten wissenschaftlichen Zivilisation in komplexen Dimensionen deren Zukunft prinzipiell nicht voraussagen kann. Das ist eine sehr anspruchsvolle Behauptung. Der Grund, der sie trägt, ist sehr einfach. Ihn hat zuerst, soweit ich das beobachtet habe, der austrobritische Wissenschaftstheoretiker Karl Popper formuliert. Ich will daher Popper zu Ehren gern auch den von ihm geltend gemachten Grund das Popper-Theorem nennen. Es lautet folgendermaßen:

Wir mögen ja alles mögliche über die Zukunft wissen. Etliches wissen wir auch recht gut, z. B. über zwei Generationen hinweg. Wir wissen, was das für demographische Verläufe und für die Rentenversicherung bedeutet. Nur eines können wir prinzipiell nicht wissen, nämlich was wir künftig wissen werden, denn sonst wüßten wir es bereits jetzt. Je größer nun die faktorielle Bedeutung des künftigen wissenschaftspraktisch erzeugten Wissens über seine technische Umsetzung und wirtschaftliche Nutzung für die Veränderung unserer Lebenssituation wird, um so mehr und in demselben Maße gilt: In den komplexen Dimensionen einer verwissenschaftlichten Zivilisation läßt sich deren Zukunft prinzipiell nicht voraussagen.

Die Befindlichkeitsfolgen will ich hier nicht ausführlich schildern. Es mag hier genügen, wenn ich an das Plausibilitätsargument erinnere: Die wachsende Nähe des Unbekannten löst Irritationen aus. Die wachsende Nähe des Unbekannten ist nun in modernen Zivilisationen im wesentlichen die wachsende Nähe des Unbekannten in der Dimension der Zeit.

Noch einen Grund abnehmender Risikoakzeptanz will ich skizzieren, die Befindlichkeitswirkung der ständig zunehmenden Expansion des Raums unserer Informiertheiten über den Raum unserer Handlungsmöglichkeiten hinaus. Das mag man sich klarmachen, indem man sich an ein Zitat erinnert, das wir im Mittelklassenunterricht des Gymnasiums gelernt haben. Es steht am Anfang des Faust. Ein Bürger sagt da:

»Nichts bessers weiß ich mir an Sonn- und Feyertagen,
Als ein Gespräch von Krieg und Kriegsgeschrey,
Wenn hinten, weit, in der Türkei,
Die Völker auf einander schlagen.«

Da wird das spießbürgerliche Behagen charakterisiert, welches der Spießbürger empfindet bei der Lektüre der Nachrichten vom Zusammenschlagen der Völker »hinten, weit, in der Türkei«. Nach vierzehn Tagen kam die Nachricht durch reitende Boten nach Hause. Wenn heute die Völker dort zusammenschlagen in einer Region, von der immer noch, wenn auch in einem sich reduzierenden Maß, unsere Energieversorgung abhängig ist, dann ist das alles andere als behaglich. Der Globus ist ein nachrichtentechnisch integriertes System. In kürzester Frist werden wir über uns betreffende Handlungen und Entscheidungen anderer informiert. Der Informationsraum expandiert über den Raum, in den hinein wir handeln können. Als Individuen können wir es sowieso nicht, aber auch als Mittelmächte nicht, und die Großmächte sind in ihrer Handlungsmacht auch reduziert. Nachlassende soziale Kontrolle schließlich – das ist das, was man unter dem Phänomen Großstadt in der Soziologie schon um die Jahrhundertwende beschrieben hat.

Um es anschaulich zu machen: Wer als Wanderer schon vor 25 Jahren in den Ostalpen etwa Dorfkirchen besucht hat, wird sich erinnern, daß sie damals noch alle offenstanden. Heute werden Sie auch im hintersten Tale dort keine offene Kirche mehr finden. Man braucht nicht zu erläutern, warum das so ist. Die Muttergottes würde sich an ihrem angestammten Altarplatz nicht mehr lange halten können.

Der Grund ist klar. Es hängt mit den Touristenströmen zusammen. In je größerer Menge wir uns in komplexen sozialen Zusammenhängen, wo wir nur wenig miteinander zu tun haben und nur in wenigen Funktionen real voneinander abhängig sind, begegnen, um so anonymer werden unsere Sozialbeziehungen, um so mehr sinkt die soziale Kontrolle, die wir übereinander auszuüben vermögen, ab.

Das ist der Grund, warum die Schloßindustrie, die Sicherheitsindustrie so eine außerordentliche Konjunktur hat. Das Versicherungsgeschäft blüht. Aber auch die Sicherheitstechnikhersteller haben Dauerkonjunktur. Ich will das nicht schildern, wie das aussieht in den Hotels, wo wir ja die Türen nicht mehr öffnen sollen, ohne zuvor einen Blick durch den Spion getan zu haben, Sicherheitsketten vorgelegt zu haben, oder wie auch unsere Industriewerke sich wie Festungen darstellen – nicht nur die Kernenergiewerke; es gilt für die Chemiewerke auch –, sie sind unüberwindbar. Die inneren Grenzen nehmen in hochkomplexen modernen Gesellschaften zu, während die alten nationalstaatlichen Grenzen ja ständig durchlässiger werden.

Abschließend noch eine Erläuterung zum Stichwort »nachlassende soziale Kontrolle«. Das Sicherheitsverlangen wächst überdies noch mit der Höhe des bereits erreichten Sicherheitsniveaus. Das klingt paradox. Die Medizinkulturgeschichte macht es anschaulich. Wenn, so unterstelle ich einmal, im 19. Jahrhundert, und sei es schon in den Jahrzehnten, wo die Medizin bereits erfolgreich war im Kampf gegen die Infektionskrankheiten, ein Bauernbub im hinteren Lötschental an Schmerzen unerträglicher Art litt, so daß der Vater sich schließlich genötigt sah, ihn auf einem Schlitten ins Rhonetal herabzuschaffen oder umgekehrt den Arzt heraufzuschaffen, dann darf man sicher sein, daß dieser Bub an Schmerzen litt, wie man sie hat, wenn der Blinddarm nahe am Durchbruch ist. Heute hingegen verfügen wir alle über eine wohlassortierte Hausapotheke, gefüllt mit Mittelchen, die geeignet sind, jene leichte Unpäßlichkeit am Morgen zu beseitigen, die nichts anderes als die Folge des nicht ganz so solide verbrachten Vorabends ist. Das heißt, mit der Wohlfahrt wachsen die Empfindlichkeiten gegen die Einbußen der Sicherheit, d. h., je weniger das Leben – so kann man das auch ausdrücken – durch harte, keine Alternativen zulassende Notwendigkeiten geleitet und bestimmt ist, je besser es uns also geht, um so mehr nehmen wir uns die Freiheit, noch ein besseres Leben zu wünschen. Das Sicherheitsverlangen wächst mit der Höhe des bereits erreichten technischen und sozialen Sicherheitsniveaus.

Diskussion

Fischer: Ich danke Ihnen sehr herzlich für diese anschauliche Analyse unserer Unsicherheitsgefühle, unserer verlorengehenden Orientierung. Ich möchte selbst aber jetzt möglichst sehr wenig sagen und nur das Gespräch eröffnen. Ich bitte Sie um Meinungen zu dieser Analyse, um Fragen an Herrn Lübbe oder auch allgemeine Kommentare zu seiner Analyse.

Vollmer: Ich habe eine Frage im Hinblick auf das Gesamtthema »Auf der Suche nach der verlorenen Sicherheit«. Sie haben sehr deutlich gesagt, daß zumindest subjektiv die Sicherheit abgenommen hat, jedenfalls die Sicherheit gegenüber dem Maß an Sicherheit, das wir zu verdienen glauben. Gerade das steigt ja. Selbst wenn die faktische Sicherheit steigt, das Bedürfnis steigt noch mehr, so daß das Defizit auch zu steigen scheint oder jedenfalls uns bewußter wird. Glauben Sie aber auch, daß wir bei dieser Suche irgendwie erfolgreich sein könnten? Gibt es also über die Diagnose eines solchen Sicherheitsdefizits hinaus auch noch einen Fingerzeig, einen Wegweiser, eine Art Therapievorschlag, wie man entweder die Sicherheit erhöht oder das Sicherheitsbedürfnis senkt, um das Defizit zu verringern?
Lübbe: Ich weiß nicht, ob das eine deutsche Eigenart ist. Mir kommt es im internationalen Vergleich so vor, daß, wenn man eine Diagnose gemacht hat, bei uns sehr rasch danach gleich die Antwort auf die Frage »Was tun wir denn jetzt?« verlangt wird. Ich fände es zunächst einmal der Sache wert, zu diskutieren, ob es denn so sei, daß es Gründe gibt, die, wie ich meine, irreversibel wirken, die unsere Risikoakzeptanz in der modernen Zivilisation absenken. Das ist immerhin ein Bestand. Soweit ich die Literatur übersehe – und ich habe mich in die Sicherheitsliteratur wirklich umfänglich eingearbeitet –, werden Sie das noch nicht so ausgesprochen gefunden haben, daß unsere Sicherheitsbefindlichkeit sich ändert, unabhängig davon, ob wir objektiv sicherer oder nicht sicherer leben. Das halte ich zunächst einmal für einen wichtigen Bestand.
Natürlich läßt sich auch Ihre Frage beantworten. Spontan fällt mir zweierlei ein. Erstens würde Ihr Umgang mit Risiken rationaler werden, wenn Sie sich zunächst einmal durch Bildung instand setzten, Ihre Lebenssituation eher, als wir das aus unseren kulturellen Traditionen heraus gewöhnt sind, auch statistisch einzuschätzen.
Es ist freilich spekulative Kulturhistoriographie, wenn ich sage, das tun wir nicht, weil eben die Wahrscheinlichkeitstheorie eine sehr junge Disziplin ist, und sie spielt ja auch im Elementarunterricht, im Mittelschulunterricht kaum eine relevante Rolle. Also wenn wir sicherer und selbstverständlicher mit statisti-

schem Wissen umzugehen gelernt hätten, würde das vielleicht unser Verhalten zu Risiken rationaler machen.
Ein zweiter Hinweis noch: Man kann allerlei tun zur Kompensation der auf der einen Seite wirklich unvermeidlichen, zunehmenden, irreversiblen Erfahrungsverluste. Man kann kompensatorisch etwas dafür tun, objektive Lebensvoraussetzungen wieder in der individuellen Lebenserfahrung erfahrbar zu machen. Ersparen Sie mir die Beispiele – die würden zu lange dauern –, von der Abschaffung versteckter Subventionen bis hin zu einer Reorganisation etwa des Rentenrechts, wo dann die Prämien nicht nur in Relation zum Einkommen bemessen würden, sondern auch in Relation zum Familienstand. Dann würde man plötzlich wieder erfahren können, wie die Sicherheit vom Alter ja weniger vom eigenen Einkommen abhängt als davon, was man getan hat für die Aufzucht solcher, die später die Renten durch ihre Arbeit sichern können.
Lehner: Die Statistik kann über den Einzelfall keine Voraussage machen. Das gilt auch für die Wahrscheinlichkeitsrechnung. Nun haben Sie anschaulich über das Mittelalter berichtet und gesagt, das Versicherungswesen sei dort wohl deshalb nicht in Gang gekommen, weil die Wahrscheinlichkeitsrechnung nicht bekannt war. Dazu ist mir eingefallen, daß es möglicherweise eine andere Art von Versicherungswesen im Mittelalter gegeben hat, weil die Leute eines genau wußten, daß sie sterben würden, aber nicht genau wußten, was dann mit ihnen passieren würde. Da setzte nun eine ökonomisch sehr weitreichende und auch philosophisch am Ende weitreichende Versicherungswirtschaft ein. Das war das Ablaßsystem. Man konnte also tatsächlich etwas tun für seine Sicherheit nach dem Tode. Dies war ein Nutzen, würde ich sagen, dieses Axioms der Wahrscheinlichkeitsrechnung, daß nämlich die Statistik über den Einzelfall nichts aussagen kann.
Lübbe: Ich nehme das gern zur Kenntnis. Ich will das hier nicht kommentieren, kann dem aus meiner eigenen Kenntnis zustimmen, obwohl ich den Beschreibungsmodus, ausgehend von unserem Generalthema, eher für etwas künstlich halte, aber gern gelten lasse. Für das 17. Jahrhundert läßt sich bereits konstatieren, insbesondere für städtische Milieus in Oberitalien, daß der

Wunsch nach Lebensversicherungen, und zwar zur sozialen Sicherstellung von Hinterbliebenen, durchaus bestand. Aber ersichtlich konnte man keine Lebensversicherungsverträge abschließen, wenn man nur so ein Alltagswissen über die durchschnittliche Lebensdauer hatte, sagen wir, nach dem Muster der Bibel, Psalm 90: Das Leben des Menschen währt 70, wenn es hoch kommt, 80 Jahre. Man denkt: Welche divinatorische Voraussicht der jetzt endlich erreichten durchschnittlichen Lebenserwartung. Nein, das war die Lebenserwartung auf denjenigen bezogen, der schon 45 oder 50 geworden war. Die durchschnittliche Lebenserwartung war ungleich geringer. Man braucht so etwas wie Sterbetafeln, d.h., man braucht ein Wissen über die Zahl der Jahre, die man noch vor sich hat, in Abhängigkeit vom Lebensalter. Die muß erst wirklich vorliegen, wenn ein Versicherungsgeschäft überhaupt möglich sein soll. Es wurde schon im ausgehenden 17. Jahrhundert möglich. Ähnliches könnte ich Ihnen auch erzählen aus der Geschichte der Brandversicherung. Da gibt es ähnliche Prozesse. Da mußte man zählen, und zwar über lange Jahre hin, wie viele Brände es denn gegeben hat. Sonst hätte man das auch nicht machen können.

Dallibor: Sie sprachen von nachlassender sozialer Kontrolle und anonymer werdenden Sozialbeziehungen. Nun war das dörfliche Zusammenleben in einer agrarisch orientierten Gesellschaft vermutlich nicht immer ein Honigschlecken und die soziale Kontrolle auch nicht immer sehr positiv. Könnte man nicht gerade auch in der Anonymität in einer modernen Industriegesellschaft etwas Positives entdecken, einen individuellen Freiheitsgrad, der auch mehr Sicherheit für das Individuum gibt?

Lübbe: Aber selbstverständlich. Nur, das war nicht mein Thema. Ich hatte nur darüber zu sprechen, daß soziale Kontrolle Unsicherheitserfahrungen impliziert. Daß im übrigen die moderne Lebensverbringung ja überhaupt nur massenhaft akzeptiert wird wegen der mit ihr verbundenen überwältigenden Lebensvorzüge, das ist evident. Auch die Süße und Intimität der Sozialbeziehungen ist nur möglich geworden unter der Bedingung jener modernen Sozialverhältnisse, die, sagen wir, auf der Straße und im Touristenzusammenhang mit nachlassender sozialer Kontrolle erkauft werden muß. Die Individualisierung von Lebensstilen, die Intimisierung der Partnerschaftsbeziehungen, das alles gehört zur modernen Welt. Das war nicht mein Thema. Deswegen habe ich davon nicht gesprochen.

Dallibor: Wenn ich selbst wählen kann und nicht unter permanenter sozialer Kontrolle stehe, habe ich doch vermutlich in einem modernen Industriestaat eine höhere Sicherheit. Der real existierende Sozialismus hat es uns doch gezeigt, daß dort die Sicherheit gar nicht so groß war.

Lübbe: Das sehe ich eher umgekehrt. Aber diese Frage würde ich dann gerne an die Psychologen, speziell auch an die Psychiater weitergeben und sagen, in demselben Maße, wie unser individueller Entscheidungs- und Handlungsspielraum modernitätsabhängig zunimmt, verbunden mit dem Verlust an sozialer Kontrolle, in demselben Maße nimmt auch die Zahl der Individuen zu, die sich durch die individuellen Entscheidungen, die sie jetzt zu treffen haben, überfordert finden. Das heißt, es ist das Freiheitsmaß, das historisch beispiellose Freiheitsmaß, das uns unsere moderne Gesellschaft einräumt, welches mit Verunsicherungen bezahlt werden muß. Das drückt sich – deswegen appellierte ich an die Psychiater – in dem harten Bestand aus, daß nicht etwa in Notzeiten, sondern in Wohlfahrtszeiten die Suizidrate ansteigt. Das ist auch für Nichtpsychiater, d. h. aus gemeiner Lebenserfahrung, leicht plausibel zu machen. Lebensführungsprobleme sind sehr einfach, wenn die Frage, was wir zu tun oder zu lassen haben, durch harte Notwendigkeiten im Tagesablauf bestimmt wird. Gewinnen wir Freiheitsspielräume, nehmen auch die Chancen zu, daß wir in der Nutzung dieser Freiheit scheitern. Also unter Sicherheitsaspekten hat es eher Unbehaglichkeiten. Deswegen hat man ja sogar – das waren sogar prominente Intellektuelle in Deutschland – die DDR, als sie noch real sozialistisch existierte, für eine bessere Gesellschaft gehalten wegen der Gemütlichkeit der Nischenexistenzen.

Böckle: In einer gewissen Erweiterung ihres ersten Grundes, den Sie genannt haben, ergibt sich auch, daß der Sicherheitsanspruch um so größer ist, je größer der Grad der erreichten Sicherheit ist. Dann könnten Sie Ihr Beispiel weiterführen von der Frau, die früher mit 30 % damit rechnen mußte, daß ein Kind in den ersten Lebensmonaten oder perinatal starb. Das war ja in fast 40 % der

Fälle gegeben. Heute, wo wir eine Sicherheit haben – ich glaube, die Sterberate ist heute unter 1 % –, ist die Erwartung an den Arzt, daß auch gar nichts passiert, maximal gestiegen.

Lübbe: Genauso ist es. Bei näherem Nachdenken kann man diese sieben Gründe auch noch aufeinander reduzieren. Der letztgenannte hängt mit dem ersten auf die von Ihnen deutlich gemachte Weise zusammen.

Ropohl: Wie wir es von Herrn Lübbe kennen, hat er uns wieder einmal mit einer Wendung der ursprünglichen Fragestellung überrascht. Er hat gesagt, es kommt nicht darauf an, ob die Gefahrenpotentiale objektiv wachsen. Es kommt darauf an, zu fragen, ob die Menschen mehr Angst bekommen und wie dieses zu erklären sei. Sein Vortrag hat sich damit befaßt, obwohl es zwischendurch unter dem Punkt Eingriffstiefe ja irgendwo doch so eine Andeutung gab, als wenn, zumindest bezogen auf das Ausmaß möglicher Schäden, da doch etwas in Entwicklung sei. Nun, ich will nicht bestreiten, daß die Frage, die hier behandelt wurde, nämlich »Wächst die Angst? Wachsen die Besorgnisse? Wächst die mangelnde Risikoakzeptanz der Menschen?«, auch legitim ist. Aber sie sollte ja nicht von der ursprünglichen Frage ablenken: Wie steht es denn nun wirklich mit den Risiken und insbesondere mit den Risiken, die wir durch technische Kultur selber verursachen? Ob es so völlig irrational ist, sich dabei ausschließlich am möglichen Schadensumfang zu orientieren, dazu kann ich jetzt leider nichts sagen, weil ich dafür am morgigen Nachmittag Gelegenheit habe.

Lübbe: Es war nicht meine Absicht, das auszuklammern. Meine These war ja: Ganz unabhängig davon, ob die Gefahren, denen wir objektiv ausgesetzt sind, gewachsen sind oder ob sie es nicht sind – die Risiken, will ich genauer sagen –, ganz unabhängig davon gibt es eine nachlassende Risikoakzeptanz. Das wollte ich plausibel machen. Darum ging es mir. Es gibt aber auch noch einen Grund, warum ich mich mit der Frage »Leben wir denn nun sicherer oder unsicherer als frühere Zivilisationen?« nicht beschäftigt habe. Der Grund ist, daß dazu der Philosoph nichts sagen kann. Ich weiß zwar nicht genau, wie diese Runde zusammengesetzt ist, aber soweit hier nicht nur hochrangige Naturwissenschaftler, Techniker sitzen, verfügen wir im Regelfalle doch nicht über jenes Wissen, welches zu einer objektiven Einschätzung unserer objektiven Risiken nötig wäre. Es bedeutet für unsere Befindlichkeit als Bürger, und das heißt zunächst einmal auch als Medienkonsumenten, daß die allermeisten Gefahren, die wir als große Bedrohungen am Horizont der Zukunft vor uns sehen, sich ja nicht erschlossen haben über unsere individuelle Lebenserfahrung, sondern allein über fachmännische Berichterstattung. Was es mit dem Ozonloch auf sich habe, welche Gefährlichkeit Strahlung habe oder nicht, also etwa die verseuchte, verstrahlte Molke, die die Bürger von Lingen nicht durch ihren Bahnhof passieren lassen wollten, das alles ist ja schlechterdings nicht aus individueller Lebenserfahrung beurteilbar. Wir brauchen dazu fachmännisches Wissen. Auch dies ist ein natürlich verunsichernder Bestand, daß die allermeisten Großrisiken, von denen wir uns bedroht sehen, sich nicht über unsere individuelle Lebenserfahrung erschlossen haben, sondern durch die Berichterstattung von Experten, mit denen wir mangels eigener Kenntnis gar nicht argumentieren können.

Die Befindlichkeitsfolgen sind extrem. Das verdeutliche ich gern am Beispiel der außerordentlichen Wirkung einer Rede und eines entsprechenden Aufsatzes aus der Feder des derzeitigen Präsidenten der Deutschen Forschungsgemeinschaft, Hubert Markl, des Biologen aus Konstanz. Markl hat sich in einem Aufsatz – er ist in einem Band abgedruckt, der den Titel »Natur und Geschichte« trägt – mit dem Leben der Menschen vor der neolithischen Revolution beschäftigt, mit der Aufbietung aller fachmännischen Kenntnisse, die man darüber haben kann, paläontologisch, ur- und frühgeschichtlich und dann eben auch ethologisch. Heraus kommt – das Wort will ich noch einmal gebrauchen – ein faszinierender spätrousseauistischer Bericht vom Leben der Menschen vor der ersten technischen Zivilisation, der neolothischen nämlich, dieses Leben in den sonnendurchglühten Savannen, die sie damals durchstreiften. Markl hat es plausibel gemacht, quantifiziert, daß ein Acht-Stunden-Tag im Regelfalle genügte, sich per Jagd oder Körnersammeln die benötigte Nahrung zu verschaffen. Die Lebenserwartung war zwar sehr gering, aber das im wesentlichen wegen der hohen Säuglingssterblichkeit, die wiederum der eugenischen Qualität der ganzen Spezies zugute kam. Hatte man die Kinderzeit überstanden, so war das Leben sehr gesund, eine garantiert kariesfreie Existenz, wie man aus den Gebissen weiß, die man findet. Das hängt vielleicht mit der zuckerfreien Körnernahrung zusammen. Daran orientieren sich heute viele.

Wenn man dieses Bild so vor sich sieht – es ist natürlich mit allen Tönen der höheren Ironie geschrieben, aber in allen Faktenbehauptungen fachmännisch –, dann geht einem plötzlich auf, daß das Leben, jetzt nicht des Individuums – wie lange wir leben werden, das wissen wir, wenn wir statistische Grundkenntnisse haben –, aber die Dauer des Lebens der Spezies Homo sapiens, vermutlich eine sehr viel längere hätte sein können, als sie es jetzt noch vor sich haben mag, wenn wir uns niemals entschlossen hätten, jene urtümliche Lebensart aufzugeben. Zu dieser Gesamterfahrung, der Nähe des Exitus, mit dem wir im individuellen Fall ja immer schon gut zu leben gelernt haben, als eines in letzter Instanz über viele Vermittlungen sogar selbst bewirkten Speziesexitus, muß man sich erst einmal ganz neu kulturell zu verhalten lernen. Dann versteht man plötzlich solche Bestände, die sie ja auch in höheren Sphären der Kultur beobachten können, daß die traditionsreiche Literaturgattung Utopie, die noch in der ersten Hälfte unseres Jahrhunderts viele herausragende Beispiele mehrheitlich von Heilsutopien zeigte, fast vollständig auf Unheilsutopie umgeschaltet hat. Ich unterstelle einmal, daß von Ihnen niemand in der Lage wäre, spontan eines der wenigen vorhandenen Gegenbeispiele zu nennen.

Fischer: Sie erwähnten zu Anfang das Fernsehkind, das immer diese Apokalypsen sozusagen frei Haus geliefert bekommt. Ist das einfach so eine Gewöhnung, die wir durchmachen, wenn wir in so einer Mediengesellschaft aufwachsen? Ich meine, nicht nur daß wir mit der Wahrscheinlichkeitsrechnung schwieriger zurechtkommen, sondern daß wir diese Ausmaße, diese Katastrophen, diese Apokalypsen anschaulich und einfach vorstellen können. Entsteht dadurch auch ein Gefühl der Bedrohung oder Unsicherheit? Wir lesen ja gerne von Autounfällen. Wir lesen ja gerne, wenn Flugzeuge abgestürzt sind, sonst würden die ja nicht in die Schlagzeilen kommen. Wir freuen uns ja sozusagen, wenn wieder jemand Berühmter gestorben ist, weil wir ja noch leben. Es gibt eine ganz seltsame Aufnahme von Unglücken, eine Bereitschaft, sich mit Unglücken unterhalten zu lassen. Da müßte man sich doch sagen, wir akzeptieren Risiken oder Unglück auf diese Weise.

Lübbe: Mit dieser Frage bin ich eigentlich überfordert. Medienwirkungsforschung ist ein sehr schwieriges Gebiet. Nur einiges Wissen aus zweiter Hand könnte ich hier ausbreiten. Medienschelte ist ja populär, und die Medien stellen ja ihre Foren auch gern der Medienschelte zur Verfügung. Wir wissen, daß wir alle ohne jene Orientierung, die uns die Medien vermitteln, uns in unserer Welt gar nicht zurechtfinden können. Andererseits kann man auch als Medienkonsument beobachten, daß die Medien ihre eigenen Gesetze haben. Da brauchen Sie gar kein Medienforscher zu sein. Das Ungewöhnliche ist berichtenswert, das Gewöhnliche nicht. 50 Wochen im Jahr störungsfreier Verkehr am Frankfurter Kreuz, das ist keine Meldung. Aber jene 30-km-Staus in den vier Urlaubswochen, das ist eine Meldung. Wie kann das anders sein? Medienschelte ist hier völlig unangebracht. Man würde den Unterhaltungszweck der Medien gröblich verkennen, wenn man etwas anderes erwartete.

Ein anderes sollte man vielleicht nicht so leicht durchgehen lassen. Katastrophen sind ein Unterhaltungsstoff. Das wollte ich mit dem Goethe-Zitat belegen. Je weniger es uns berührt, um so unterhaltsamer ist es. Immerfort Alarm und nie Entwarnung. Das ist auch ein Gesetz, nach dem die Medienberichterstattung über Katastrophen erfolgt. Beispiel: Wir haben noch alle die schrecklichen Visionen vom geschlossenen Ölteppich über dem Indischen Ozean vor Augen. Wie verbreiteten sich solche Visionen, als von jenen im Golfkrieg zerschossenen Ölstationen die Rede war, aus denen sich das Öl in Permanenz in den Golf ergoß und sich immer weiter ausdehnte, bis nach Australien hin, so meinte man dann. Nach vier Wochen gab es diese Ölkrise nicht mehr. Daß sie definitiv zu Ende sei, das konnten Sie nur in Spezialzeitschriften zur Kenntnis nehmen, in den Medien nicht. Wie das unser Verhalten verändert, weiß ich nicht. Ich kann zunächst einmal nur konstatieren, daß dies zu den Gesetzen der Medienberichterstattung zu gehören scheint.

Rau: Kann man das Ganze nicht auch umdrehen? Je höher der

Sicherheitsbedarf bzw. je höher der Sicherheitsstandard auf der anderen Seite ist, desto höher wird auch der Risikobedarf. Dazu vielleicht ein Beispiel. Ein Snob führt z. B. ein gutes Leben, kann sich gut ernähren, setzt sich bewußt dem Risiko eines Autorennens aus, damit er ein höheres Risiko hat. Heute haben Abenteuerreisen eine riesige Nachfrage. Oder der Börsianer, der einiges an Gewinnen eingefahren hat, setzt sich ganz bewußt besonders risikoträchtigen Anlageformen aus. Die Terminbörse ist ja ein ganz klassisches Beispiel dafür, daß die Risikofreude auch steigt.

Lübbe: So ist es natürlich. Man kann das beobachten. Der mit Abstand wirksamste deutsche Philosoph der Gegenwart ist Nietzsche, nicht zufällig ein Zivilisationsdecadent. Eigentlich eine schreckliche Geschichte, daß dieser Philosoph mit so furchtbar vielen unglaublichen Ungemeinsprüchen nun zum intellektuellen Orientierungsstern in Großteilen der intellektuellen Weltgesellschaft geworden ist. Von ihm stammt das Wort vom Gefährlichleben. Das klingt dort kitschig. Nietzsche ist ja durch und durch kitschgetränkt. Aber das, was dahintersteckt, können Sie beobachten, auch in der gegenwärtigen Szene, im Extremsport etwa. Ich sagte ja schon, wir fühlen uns unsicherer, weil wir immer mehr real abhängig sind von den Wirkungen der Handlungen sozial entfernter anderer. Wir sind aber gern bereit, hohe Risiken einzugehen, wenn wir immerhin glauben, sie durch unser eigenes Handeln beherrschen zu können.

Nur so können Sie erklären, was ich von meinem Schweizer Schreibtisch aus beobachten kann. Da sehe ich auf die fünf Kilometer nahen Glarner Berge. Da gibt es Felswände, die sich über etliche hundert Meter in die Höhe erstrecken. In wachsender Zahl steigen dort junge Menschen und auch gar nicht mehr so junge Menschen ein. Im 19. Jahrhundert hätte man das »Gott versuchen« genannt. Es kam damals auch nicht vor. Jetzt geschieht es. Wieso geschieht es?

Um eine lange Erklärung kurz und etwas anschaulich zu machen: Das sind ja, sagen wir, junge Leute, die in Dienstleistungsberufen tätig sind, sagen wir, im Versicherungs- oder Bankgeschäft. Welche außerordentliche psychische Leistung, mit verqueren, bequemen und unbequemen Kunden den ganzen Tag über umgehen zu müssen, ständig freundlich bleiben zu müssen. Welche Seelenstärke, welche psychische Leistung ist das! Wie komplizierte Binnenlagen erzeugen sich da! Und nun ist Wochenende, und jetzt steigen sie in die Wand ein. Fünf Meter genügen, dann schon ist ja ernst, todernst. Wenn sie dann nach zwölf Stunden herunterkommen auf dem bequemen Weg, dann fühlen sie sich ungemein erfrischt, nicht nur wegen der frischen Luft, die ihre Nase so lange umspült hat, sondern wegen der ganz großen, lustvoll erfahrenen Vereinfachung von Binnenbefindlichkeiten durch die stundenlange Herausforderung, durch eine einzige zwingende Notwendigkeit, nämlich sich am Seil oder am Fels festzuhalten. Im Grunde handelt es sich um Psychosport. Diese Charakteristik des Psychosports ist der eigentliche Hintergrund für so viele freiwillig übernommene Risiken.

Böckle: Man könnte auch sagen, daß das Risiko gewagt wird, weil der Kletterer natürlich die Eintrittswahrscheinlichkeit auf Null setzt. Der Delta-Flieger ist sich so sicher, daß er sein Hobby beherrscht, daß für ihn die Eintrittswahrscheinlichkeit des Todesrisikos gleich Null ist. Das Todesrisiko fürchtet er natürlich genau wie jeder andere, aber er ist überzeugt, sein Hobby so zu beherrschen, daß das überhaupt nicht ins Kalkül fällt. Weil Sie gerade die Glarner Alpen ansprachen, kann ich Ihnen sagen, daß im Kantonsspital Glarus fast wöchentlich Querschnittsläsionen von Delta-Fliegern behandelt werden müssen, fast wöchentlich eine.

Lübbe: Herr Böckle ist Glarner, und was er mitteilt, sind Fakten. Ich kann zunächst auch nicht mehr dazu sagen. Es hat eine empirische Evidenz, daß die Risikobereitschaft außerordentlich ist in bezug auf Handlungen, die man beherrschen zu können glaubt, wo man auch keinen anderen zur Verantwortung ziehen kann.

Fischer: Sie haben das jetzt erklärt mit der Angespanntheit des alltäglichen Berufs. Könnte man das nicht auch mit der Langeweile des Alltags erklären und mit der völligen Sicherheit, die man im Alltag erfährt. Im Grunde genommen passiert doch immer dasselbe.

Lübbe: Nein, es passiert nicht immer dasselbe. Das Leben ist so bunt wie nie zuvor. Für keine Zivilisation gilt weniger als für unsere, daß täglich dasselbe passiert. In jeder früheren Zivilisa-

tionsepoche war das Leben viel gleichförmiger. Also wenn die Gleichförmigkeit Langeweile bedeutet, hätte man früher ungleich mehr Gründe gehabt, auszusteigen.
Der Grund muß ein ganz anderer sein. Der Grund scheint mir zu sein, daß man durch selbstbestimmte Entscheidungen freiwillig sich in Lebenssituationen hineinbegibt, die die außerordentliche Lust bieten, geprägt zu sein durch das eine, was nottut. Also es ist die Erfahrung der Vereinfachung. Wenn Sie das nicht bloß in bezug auf Extremsport – das ist ja nur eine bestimmte Handlungssorte –, sondern in bezug auf ganze Daseinsverdrängungsweisen anschaulich machen wollen, dann müßte man das zu unser Welt gehörende Aussteigertum betrachten. Das ist natürlich der Quantität nach marginal. Aber es ist signifikant, daß die Absolventen der besten technischen Ausbildungsstätten, die die Welt anzubieten hat, sagen wir, in Kalifornien, nicht zu ITT oder anderswohin gehen, sondern eine wegen ihrer Unproduktivität aufgelassene alte Farm in den ariden östlichen Gebieten Kaliforniens wieder in Betrieb nehmen unter Absenkung ihres quantifizierbaren Lebensstandards um zwei Drittel. Warum? Es ist der Versuch, würde ich sagen, die objektiven materiellen Lebensvoraussetzungen mit denjenigen, die man selbst produziert und beherrscht, wieder in größere Übereinstimmung zu bringen. Es ist die Lust der Einfachheit. Das ist der Grund, warum zur modernen Zivilisation die Zivilisationskritik gehört. Mit dem Auftritt der Dampfmaschine beginnen sogleich die großen Erfolge der Rousseauschen Zivilisationskritik. Diese beiden Dinge gehören zusammen.
Vollmer: Wenn wir davon sprechen, daß wir auf der Suche nach der verlorenen Sicherheit seien, und wenn es dafür Beispiele und auch gute Gründe gibt, wenn andererseits aber auch Beispiele gebracht werden, daß mindestens einige oder wir alle gleichzeitig auf der Suche nach der verlorenen Unsicherheit sind, daß man also manchmal das Risiko sucht, um sich zu bestätigen oder aus Einfachheitsgründen, dann verstehen Sie vielleicht auch, warum ein Wissenschaftstheoretiker da ein Unwohlsein hat. Wenn man nämlich feststellt, daß einige Sicherheit, andere aber Unsicherheit, oder wir ganz oft Sicherheit, in anderen Phasen aber Unsicherheit suchen, dann könnte der Verdacht entstehen, daß man

so ein Universalerklärungsinstrument hat. Wenn jemand etwas tut, dann wird man ihn immer entweder einordnen können, er sucht eben Sicherheit, oder unter die Alternative, er sucht eben Unsicherheit. Nun sind ja gute Erklärungen manchmal so, daß sie alles Vorfindliche auch wirklich erklären. Aber mich würde interessieren, ob Sie hier quantitativ abwägen würden und sagen, wir sind im wesentlichen auf der Suche nach einer verlorenen Sicherheit oder im wesentlichen eher auf der Suche nach Risiko, nach Abwechslung, nach Buntheit, nach Gefahr.

Lübbe: Hier gibt es in der Tat ein Komplementärverhältnis. Das kann man wieder plausibel machen. Ich meine, ich war hier in meinem kleinen Vortrag auf der Suche nach den Gründen der verlorenen Sicherheitserfahrung, nicht auf der Suche nach den Gründen der verlorenen Sicherheit. Es liegt mir daher vollkommen fern, die Reichweite dieser Erklärungen zu überschätzen. Ich hätte Ihnen ja über die moderne Zivilisation ganz andere Bilder zeigen können, die mit ganz anderen Themen zu tun haben. Da wäre von Sicherheit und Unsicherheit und Aussteigertum überhaupt nicht die Rede. Das hängt ganz lose mit diesem Thema zusammen.

Sie erinnern sich an das Stichwort »Gegenwartsschrumpfung«. Die chronologische Extension der Zeit nimmt ab, für die wir mit konstanten Lebensverhältnissen rechnen können. Daher die näher rückende schwarze Wand der Zukunft. Das hat auch ein Vergangenheitskomplement. Gegenwartsschrumpfung bedeutet auch, daß die chronologische Extension derjenigen Zeiträume abnimmt, über die zurückzublicken bedeutet, in eine ganz andere Zivilisation zu blicken, in eine Zivilisation, die in wesentlichen Hinsichten eine andere ist. Vergangenheit wird in modernen Welten immer rascher zu einer fremden Vergangenheit. Ich meine freilich, daß damit auch Unsicherheitserfahrungen und Verunsicherungen zusammenhängen. Das wäre das Thema »Identität«. Das will ich hier nicht ansprechen. Zunächst aber ist es eine außerordentliche Quelle der Lust, die Lust unserer Museumsseligkeit. Hohe Zivilisationsdynamik ist ja identisch mit hohem Zivilisationsreliktanfall. Nie hat eine Zivilisation sich unter Bedingungen einer solchen Fülle veralteten Zivilisationsgutes befunden wie wir. Je fortschrittlicher eine Zivilisation ist, um so größer ist die

Menge des Veralteten, das wir unter uns haben. Früher wurden Gerätschaften nur gebrauchsabhängig verschlissen. Sie veralteten aber nicht. Fortschrittsabhängig veralten sie, und es ist ja das veraltete Zeug, das wir ins Museum tun. Das muß man zunächst einmal sehen. Deswegen gab es in vormodernen Zeiten keine Museen. Worin eigentlich die Lust der Konfrontation mit der toten Vergangenheit besteht, das ist ein anderes Thema. Das merken Sie schon. Das wäre auch ein Thema, welches geeignet ist, unsere Gegenwartszivilisation zu kennzeichnen. Es hat aber ersichtlich nichts mehr mit unserem Sicherheitsthema zu tun. Man muß auch die Reichweite unseres Themas nicht überschätzen.

Fischer: Aber ist Vergangenheit nicht auch immer etwas Geborgenheit, die ich dabei finde?

Lübbe: Ich will das nicht ganz ausschließen bei unserer Neigung, zum Beispiel einen alten Fachwerkbau zu beziehen, wenn wir es uns leisten können. Aber daß Museumsbesucher im Museum Geborgenheit suchen, wäre mir ein ganz fremder Gedanke. Gleichwohl sind die Museen ein Massenerfolg. Allein in der Bundesrepublik Deutschland gibt es inzwischen 55 Millionen Museumsbesucher jährlich. Das ist die größte kulturelle Massenbewegung, die es überhaupt gibt, überbietet Fußball und alles, was Sie sonst kennen, bei weitem. Sie sehen, jetzt kommen Sie auf seiten der Kultur, die mit dem Thema Sicherheit nichts zu tun haben. Also Sie sehen, das, was ich hier berichtet habe, schränke ich nur auf das Thema ein, wo es versicherungspraktisch, versicherungstechnisch wirklich eine Rolle spielt. Ich neige nicht dazu, den Erklärungskredit der Theorie schwindender Risikoakzeptanz zu überziehen.

Wir kommen zum zweiten Beitrag, den ich mit einigen Bemerkungen einleiten möchte. Ich habe einmal gelesen, daß das sogenannte Projekt der Moderne in seinem Ursprung ein Projekt der Sicherheit war. Der Nachweis wird in diesem Aufsatz dadurch geführt, daß man sagt, am Anfang der Moderne steht eben Descartes, der die Unsicherheit des Zweifels durch die Methode, also den sicheren Weg zum Wissen, ersetzen wollte. Wie weit die Wissenschaft bei diesem Versuch gekommen ist, mit der Methode sicher zu Wissen zu gelangen, das habe ich ja gestern skizziert in den vergeblichen Bemühungen der Mathematiker, sichere Kenntnisse über die Grundlagen selbst der reinen Mathematik zu gewinnen, und Gerhard Vollmer wird es uns noch viel genauer sagen können, wie wenig wir über sicheres Wissen verfügen. Ich möchte persönlich noch eine kleine Anmerkung dazu machen. Ich habe zunächst Physik studiert, und erst, nachdem ich die Quantentheorie so ein bißchen gelernt hatte, am Ende des Studiums also, mich auch einmal über die erkenntnistheoretischen Zusammenhänge informiert. Dabei sind mir auch die Arbeiten von Karl Popper in die Hände gefallen. Da stand dann plötzlich als allererstes: Es gibt kein sicheres Wissen. Dies hat mich verwirrt, denn jetzt hatte ich acht Semester lang studiert und dachte, ich wüßte ganz sicher, wie die Atome funktionieren. Das ist wohl eine Enttäuschung, die man am Ende seines Studiums erleben kann. Aber gerade die Frage, wie man mit dieser nicht vorhandenen Sicherheit, mit diesem hypothetischen, diesem vorläufigen Wissen eben zurechtkommen kann, darüber möchte uns, glaube ich, Herr Vollmer heute etwas informieren. Gerhard Vollmer ist einer der Mitbegründer der evolutionären Erkenntnistheorie. Sein grundlegendes Werk zu diesem Thema liegt inzwischen in 5. Auflage vor. Vollmer hat sich diese biologisch begründete Epistemologie auf einem anderen Weg erschlossen als Konrad Lorenz, nämlich über den Weg der Wissenschaftsgeschichte und dabei den der Physik vor allem. Er ist Professor am Zentrum für Philosophie in Gießen und nebenbei ein Sprachgenie. Er spricht knapp ein Dutzend Sprachen, soweit ich informiert bin. Aber heute reicht ihm die eine Sprache, nämlich die der Wissenschaft.

Gerhard Vollmer
Wenn es nun aber kein sicheres Wissen gibt ...?

Das Paradoxon, daß wir mehr wissen als je zuvor und gleichzeitig unseres Wissens immer unsicherer werden, wurde schon mehrfach angesprochen. Ich möchte auch nicht mehr darauf eingehen, daß es viele Arten von Sicherheit gibt. Herr Lübbe hat schon einige genannt, und man könnte sicher noch mehr aufzählen. Je mehr Arten von Sicherheit es gibt, desto mehr Sicherheiten können auch verlorengehen. Ich werde im folgenden nur über Sicherheit im Wissen oder, etwas vornehmer ausgedrückt, über *epistemische Sicherheit* sprechen.

Jahrhundertelang, wenn nicht sogar jahrtausendelang war man überzeugt, daß es sicheres Wissen gäbe. Das Problem war dann nicht nur, solch sicheres Wissen vorzuweisen; die Erkenntnistheoretiker, also die Philosophen, stellten sich auch die Aufgabe, die *Wege* zu solch sicherem Wissen zu analysieren, dieses sichere Wissen als sicher auszuweisen und auch klarzumachen, warum es solch sicheres Wissen überhaupt geben kann.

Wege zu solch sicherem Wissen schien es in Hülle und Fülle zu geben. Kandidaten waren die *Deduktion*, also insgesamt die Logik, und, vor allem im Bereich der Erfahrungswelt und der Erfahrungswissenschaften, die *Induktion*. Da gab es *Evidenz* als eine sicherheitsverbürgende Instanz. Die *Intuition* wurde reklamiert als eine Wissenquelle, auch die *Offenbarung*. Es gab auch Vorschläge, wie man sicheres Wissen, wenn man es erlangt hat, als sicheres erkennen könne. So nennt etwa Descartes als Merkmal der Wahrheit oder des richtigen Wissens die Klarheit und Deutlichkeit unserer Eindrücke.

Allerdings gab es neben dieser eher wissensoptimistischen Richtung immer auch *Skeptiker*, die entweder einige dieser Wege als sicherheitsverbürgend in Zweifel zogen oder – noch radikaler – sogar alle, bis hin zu den Agnostikern, die die Möglichkeit von Wissen grundsätzlich bestritten. Zunächst waren diese skeptischen Stimmen nicht viel mehr als eine Art Prüfstein für die Sicherheitsfanatiker, eine Art Test, an dem man sich zu messen hatte. Insgesamt hat aber der skeptische Standpunkt im Laufe der Philosophiegeschichte und ganz allgemein der Geistesgeschichte immer mehr an Boden gewonnen, durchaus in jener paradoxen Weise, in der zwar das Wissen zu-, die Sicherheit aber abnimmt.

Der traditionelle Wissensbegriff

Fragt man sich nun: »Welche Komponenten sollte eigentlich Wissen einschließen?«, dann wird man, solange man von der Möglichkeit oder sogar von der Existenz sicheren Wissens überzeugt ist, die Sicherheit in den Wissensbegriff aufnehmen. Deshalb wurde traditionell Wissen oder Erkenntnis – und für die folgenden Zwecke benutze ich diese Begriffe im wesentlichen synonym – definiert (expliziert) als wahre *und fundierte* Überzeugung. Der traditionelle Wissensbegriff enthält also drei Elemente: ein subjektives Element – wenn eine Person etwas weiß, dann muß sie von diesem Sachverhalt auch überzeugt sein –, ein objektives – das sachliche Zutreffen, die Wahrheit eben dieser Überzeugung – und schließlich ein Element, das nun gerade den Sicherheitsaspekt ausmacht, eben die Fundiertheit. Diese Fundiertheit könnte etwa aus Beweisen stammen oder aus anderen Mitteln der Rechtfertigung, der Begründung, der Sicherung.

Solange nun die Hoffnung auf sicheres Wissen erfüllt oder wenigstens erfüllbar zu sein schien, war es durchaus sinnvoll und legitim, jene Sicherheit in den Wissensbegriff hineinzunehmen. Wenn man das tut, dann ist der Ausdruck »sicheres Wissen« eigentlich ein Pleonasmus, denn Wissen ist ja gerade so definiert, daß es Sicherheit einschließt. Ein Ausdruck wie »fehlbares Wissen« oder »Vermutungswissen« wäre dagegen ein Selbstwiderspruch, ein hölzernes Eisen, eine Contradictio in adjecto. Wenn sich nun aber die skeptischen Stimmen häufen, wenn die Einsicht oder die Überzeugung an Raum gewinnt, daß es solch sicheres Wissen, Wissen im traditionell explizierten Sinne, vielleicht gar nicht gibt, dann muß man zwischen zwei Möglichkeiten wählen.

Entweder sagt man: Wissen ist und bleibt für mich wahre und fundierte Überzeugung; es hat diesen Sicherheitsaspekt per definitionem. Es muß ihn haben, wir fordern das so, und wenn wir solche Überzeugungen nicht erlangen, dann gibt es eben kein Wissen. Das hat dann allerdings die paradoxe Konsequenz, daß ausgerechnet Wissenschaft, bei der das Wort »Wissen« schon im Namen steckt, gar nichts mit Wissen zu tun hätte. Wer sich zu einer gewissen Terminologie entschließt, der muß auch ihre analytischen Konsequenzen in Kauf nehmen. Wissen gibt es dann eben nicht.

Es gibt aber noch eine zweite Möglichkeit zu reagieren. Man könnte nämlich den Wissensbegriff toleranter oder großzügiger definieren und die Beweisbarkeit, die Legitimierbarkeit, die Fundiertheit aus dem Wissensbegriff herausnehmen. Das ist der Vorschlag, den ich mache, nicht als erster und nicht als einziger, und den ich auf seine Konsequenzen hin untersuchen möchte.

Zuvor möchte ich noch einmal deutlich machen, warum wir so stark an der Möglichkeit sicheren Wissens zweifeln. Einen Beweis dafür gibt es natürlich nicht. Wenn jemand sagt, er könne *beweisen*, daß es kein sicheres Wissen über die Welt gibt, so wäre dies ja gerade eine Fundierung einer Überzeugung. Das wäre also schon wieder ein Selbstwiderspruch. Einen strengen Beweis über menschliches Wissen wie den, daß es solch strenge Beweise über menschliches Wissen nicht geben könne, können wir also nicht erwarten. Was wir erwarten, sind Argumente, die nicht zwingend, aber vielleicht doch überzeugend sind.

Eine Argumentationsrichtung geht dahin, daß man die Kandidaten für sicheres Wissen, die bisher vorgelegt wurden, als doch nicht sicher erweist, z. B. indem man entdeckt, daß etwas, was als wahr und sicher galt, sich später als falsch herausstellt. Wenn es sogar falsch war, dann kann es natürlich vorher nicht wahr und erst recht nicht sicher gewesen sein.

Eine andere Strategie ist die Überlegung: »Welche Wege führen denn, wenigstens dem Anspruch nach, zu sicherem Wissen?« Man kann diese Wege dann analysieren und zeigen, daß sie die Sicherheit, die man von ihnen erhofft, doch nicht liefern. So kann man untersuchen, ob die Deduktion, ob also insbesondere die Logik die Sicherheit liefert, die man von ihr erwartet. Das Resultat ist letztlich, daß die deduktive Logik gar keine Wahrheit stiftet, daß sie auf keinen Fall neue Wahrheiten zu finden gestattet. Die Leistung der Logik liegt darin, daß sie Wahrheit *überträgt*, daß also unter Voraussetzung der Wahrheit gewisser Prämissen die Logik uns sagen kann, was dann folgt, was dann ebenfalls wahr ist; aber *ob* die Voraussetzungen wahr sind, das kann uns die Logik gerade nicht sagen. Auch die Verfahren, die wir »induktiv« nennen, sind spätestens durch die moderne Wissenschaftstheorie als nicht zwingend erkannt worden. Induktion verbürgt nicht Wahrheit. Vielen Naturwissenschaftlern erscheint nun etwa folgende Vermutung plausibel: Schön und gut, Erfahrung kann unsere allgemeinen Gesetzesaussagen nicht beweisen; aber kann sie diese nicht wenigstens wahrscheinlich machen? Trotzdem ist es bisher nicht gelungen, genauer zu sagen, in welchem Sinne eine Hypothese »wahrscheinlich« sein soll. Und nach Auffassung des kritischen Rationalismus kann weder Erfahrung noch Induktion Hypothesen oder Theorien wahrscheinlich machen.

Daß Erfahrung wissenschaftliche Aussagen nicht beweist, kann man schließlich auch an Beispielen klarmachen. Normalerweise wird rein logisch argumentiert, etwa so: Die wichtigsten Sätze der Naturwissenschaft (oder der Erfahrungswissenschaft) sind Naturgesetze. Naturgesetze sind aber – neben anderen Merkmalen – Allaussagen mit einem potentiell unendlichen Anwendungsbereich. Solche Allaussagen können – und das ist eben schon rein logisch erweisbar – nicht durch endlich viele Beobachtungen, durch endlich viele experimentelle Ergebnisse, gesichert oder bewiesen werden. Soweit also Naturwissenschaft oder Erfahrungswissenschaft solche Allaussagen mit mindestens potentiell unendlichem Anwendungsbereich enthält, können diese durch endlich viele Einzelfälle und damit ganz allgemein durch menschliche Erfahrung nicht bewiesen werden.

Die Konsequenzen des Realismus

Für die Vorläufigkeit, für die Fehlbarkeit, für die Unsicherheit auch des wissenschaftlichen Wissens gibt es aber noch ein anderes Argument, das in meinen Augen noch viel radikaler ist. Allerdings setzt es eine gewisse erkenntnistheoretische Position voraus, nämlich den Realismus; darum ist es nicht so bequem wie das zunächst genannte *logische* Argument, bei dem man keine erkenntnistheoretischen oder ontologischen Voraussetzungen zu machen braucht. In einem realistischen Bild von Welt und Erkenntnis wird man sagen: Es gibt eine reale Welt mit Strukturen, die wir zu erkennen hoffen und zu erkennen versuchen. Erkenntnis ist möglich, weil diese reale Welt mit uns in Wechselwirkung tritt, weil sie Signale auf unsere Peripherie sendet, die wir registrieren können, möglicherweise vermittelt durch experimentelle Apparaturen, durch Mikroskope, Teleskope und vieles andere. Jedenfalls treffen in einer kausalen Kette Signale von außen auf das erkennende Subjekt. Diesen Vorgang können wir »Projektion« nennen. Eine Projektion im optischen Bereich ist geometrisch nachvollziehbar; aber auch in anderen Bereichen läßt sich diese Wechselwirkung als Projektion auffassen. Bei einer solchen Projektion geht nun immer Information verloren. Wird etwa ein dreidimensionales Objekt auf eine zweidimensionale Ebene abgebildet, projiziert, so geht dabei die Information über die dritte Dimension verloren. Wenn wir nun umgekehrt aus unseren Sinneserfahrungen die reale Welt zu rekonstruieren versuchen, dann müssen wir die verlorengegangene Information wiedergewinnen. Dafür gibt es kein sicheres Verfahren. Verlorene Information ist verloren. Die Rückgewinnung der Information können wir deshalb immer nur hypothetisch vornehmen. Das heißt, der Versuch, Außenweltstrukturen zu rekonstruieren aus dem, was wir in einer gewissen Projektion mitbekommen, ist immer mit hypothetischen und damit fehlbaren Elementen behaftet. Das ist also ein anderes Argument, warum unser Wissen über die Welt immer fehlbar, immer unvollständig, immer unsicher bleibt.

Aus all diesen Gründen glauben wir also nicht mehr an die Sicherheit unseres Wissens, glauben wir nicht einmal mehr an die

Möglichkeit sicheren Wissens. Wir formulieren unseren Wissensbegriff etwas bescheidener und können uns dann auch erlauben, von fehlbarem Wissen und von wissenschaftlichem Wissen zu sprechen. Unser *Wissensbegriff* hat sich also geändert. Das ist die erste Folgerung aus unserer Einsicht, daß es kein sicheres Wissen gibt.

Eine zweite Folgerung ergibt sich für unseren *Wissenschaftsbegriff*. Wissenschaft galt und gilt ja auch heute oft als die Instanz, die uns von all den möglichen Wissensformen die zuverlässigste Wissensform liefert. Aber auch Wissenschaft würde uns dann nicht das sichere Wissen liefern, das man von ihr erwartet, erhofft, ihr zugeschrieben hat, sondern fehlbares Wissen. Das hat dann natürlich auch viele praktische Konsequenzen. Man braucht neue *Bewertungskriterien*. Das Beste, was einer Theorie passieren könnte, wäre ja, daß man ihre Wahrheit beweist. Dann wäre sozusagen das oberste Ziel erreicht: eine wahre Theorie, die auch noch bewiesen ist. Wenn aber diese Beweisbarkeit nicht existiert, dann müssen wir andere Kriterien suchen, nach denen wir Theorien beurteilen können. Die Wissenschaftstheorie hat solche Kriterien erarbeitet, zum Teil im deskriptiven Sinne, also untersuchend, was Wissenschaftler als gute Theorien betrachten, zum Teil aber auch im normativen Sinne, indem sie prüft, welche Theorien Wissenschaftler als gute Theorien betrachten *sollten*. Solche Kriterien sind *Widerspruchsfreiheit* oder interne Konsistenz (weil sonst alles mögliche ableitbar wäre), *Zirkelfreiheit*, Vereinbarkeit mit dem Hintergrundwissen oder *externe Konsistenz* (eine Theorie darf anderen Theorien, die wir akzeptieren, nicht widersprechen). Die Forderung der externen Konsistenz bedeutet nicht, daß man im Falle eines solchen Widerspruchs immer auch schon wüßte, welche Elemente falsch und welche richtig sind; man weiß nur, hier stimmt etwas nicht. Sie verlangt aber auch, daß alle Wissenschaften, daß etwa Biologie und Physik miteinander vereinbar sind. Sollte zwischen Biologie und Physik ein Widerspruch auftreten, dann muß an mindestens einer Stelle etwas falsch sein. Man kann dann nicht sagen: Na ja, die Biologie beschreibt eben die belebten Systeme, die Physik die unbelebten; die haben gar nichts miteinander zu tun, und darum kann es auch nicht zu Widersprüchen kommen. Tatsächlich ist es mehrfach zu Widersprüchen gekommen; und immer haben sie – sozusagen als Hefe – zur Gärung, zum Überlegen, zum Zweifel, zum Fortschritt beigetragen. Weitere Kriterien, die wir insbesondere an erfahrungswissenschaftliche Theorien stellen, sind *Erklärungswert* und *Prüfbarkeit*, über die in der Wissenschaftstheorie sehr viel gesprochen wird. Über diese notwendigen Merkmale hinaus sind einige Merkmale wünschbar, etwa Einfachheit, Anschaulichkeit, Tiefe, Breite, Geschlossenheit, Lehrbarkeit. Sie sind aber nicht notwendig, sondern dienen als Auswahlkriterien, nach denen wir zwischen zwei konkurrierenden Theorien wählen, wenn diese im Hinblick auf die übrigen Kriterien gleichwertig sind. Dann erst nehmen wir die einfachere, die breitere, die umfangreichere Theorie. Was man also braucht, wenn die Beweisbarkeit der Theorien verlorengegangen ist, das sind Kriterien, um Theorien zu beurteilen, und sie herauszuarbeiten ist – neben anderem – Aufgabe der Wissenschaftstheorie.

Das kumulative Modell der Wissenschaft

Ein dritter Bereich, in dem ein Wissensbegriff, der Sicherheit nicht einschließt, Konsequenzen hat, betrifft unsere *Modelle wissenschaftlichen Fortschritts*. Wer an die Möglichkeit sicheren Wissens glaubt, wird gerne ein kumulatives Wissenschaftsmodell benützen, also die Vorstellung, daß Wissenschaft immer nur hinzugewinnen kann, denn alles, was man bisher weiß, ist ja, wäre jedenfalls nach dieser Fiktion bewiesen. Was einmal bewiesen ist, kann aber nicht mehr falsch werden. Also kann Wissenschaft immer nur neues Wissen hinzugewinnen. Tatsächlich wird Wissenschaftsgeschichte oft so dargestellt, als ob sie in einem solch kumulativen Verfahren immer mehr Wissen hinzugewönne, als ob sie sich über immer entferntere Bereiche im Großen, im Kleinen, im Komplexen ausdehnte und immer nur ausdehnen könnte.

Diese Vorstellung wird auch dadurch unterstützt, daß in der Schule oder an der Universität selten oder nie falsche Theorien vorgestellt werden, und wäre es auch nur, um sie als falsch zu erweisen und wieder zu verwerfen. Das kostet ja viel zuviel Zeit, sagt sich – mit einer gewissen Berechtigung – der Lehrer, der Hochschullehrer, der Lehrbuchautor, der Didaktiker im allgemeinen.

Deshalb stellt er nur das vor, was sich bisher als brauchbar erwiesen hat. Im Lernprozeß bekommt man also immer nur Stücke vorgesetzt, die, wenigstens nach dem jetzigen Stand, auch akzeptiert werden. Das ist also wirklich ein kumulativer Prozeß. Hinzu kommt, daß in Lehrbüchern zu vielen Details eine Fußnote gelegentlich verrät: Ohmsches Gesetz, benannt nach Georg Simon Ohm, gelebt dann und dann, gefunden 1827, eigentlich aber schon 50 Jahre früher durch Cavendish usw., so daß man den Eindruck gewinnt, zu jedem Bit wissenschaftlicher Information läßt sich auch angeben, wer es wann gewonnen hat. Auch das legt ein kumulatives Modell nahe, obwohl es gar nicht überlegt oder wenigstens nicht beabsichtigt ist.

Wenn wir nun aber diese Vorstellung sicheren Wissens nicht mehr haben, dann müssen wir auch damit rechnen, daß vermeintliches Wissen fehlerhaft ist, daß es sich als falsch erweist und daß es aus dem Schatz akzeptierter Theorien wieder verschwinden muß. Die Wissenschaftsgeschichte kann also nicht kumulativ ablaufen; sie besteht aus tastenden Versuchen, Fehlversuchen, Widerlegungen, Eliminationen, aus Irrtum und Irrtumsbeseitigung. Das ist das Verfahren, das wir häufig etwas nichtssagend hypothetisch-deduktiv nennen. Gemeint ist natürlich, daß man aus Hypothesen deduktiv Folgerungen gewinnt, die man in der Erfahrung überprüft, daß man weiter, wenn sich die Folgerungen als falsch erweisen, die Falschheit auch der Voraussetzungen erschließt und nun die Fehler zu eliminieren oder zu korrigieren versucht, ein Verfahren also von Versuch und Irrtum oder, wie Popper deutlicher sagt, von *Versuch und Irrtumsbeseitigung*: Es geht ja nicht darum, Versuche zu machen und dabei Irrtümer zu begehen, sondern darum, die Irrtümer als Irrtümer zu erkennen und nach Möglichkeit zu eliminieren. Man hat hier nicht mehr die Hoffnung, Zug um Zug immer mehr sicheres Wissen zu erlangen, sondern man hat die Hoffnung, sich durch Elimination des Falschen der Wahrheit allmählich nähern zu können.

Daß man dabei Erfolg hat oder daß man die Wahrheit irgendwann erreicht habe, kann man nie sicher wissen. Im Gegensatz also zu dem Offenbarungsmodell von Wahrheit, wie es etwa bei Platon oder bei Descartes vorliegt, weiß man hier nie, wann man die Wahrheit erreicht hat. Bei Descartes mag es zwar schwierig sein, die Wahrheit zu finden; hat man sie aber einmal gefunden, dann ist sie eindeutig als Wahrheit erkennbar: an den Merkmalen Klarheit und Deutlichkeit. Das ist also immer noch viel zu optimistisch.

Rationalität und Fehlertoleranz

Eine vierte Fragestellung, bei der ein Wissensbegriff, der Sicherheit nicht notwendig einschließt, eine Rolle spielt, betrifft unser *Rationalitätsmodell*. Traditionell hätte man gesagt: Rationalität, jedenfalls wissenschaftliche Rationalität, erfordert Fundierungen, erfordert Begründungen, erfordert Beweise. Es ist rational, wenn man alle Begriffe, die man benutzt, definiert, alle Sätze, die man behauptet, auch beweist und alle Normen, die man aufstellt, auch begründet. Das geht aber nicht. Nun gibt es wieder zwei Möglichkeiten.

Entweder sind wir nicht rational. Wenn man in das Rationalitätskonzept die Beweisbarkeit einbaut, wenn man den Rationalitätsbegriff also so faßt, wie er traditionell gefaßt wurde, dann gibt es eben keine Rationalität.

Aber es gibt ja eine Alternative. Vielleicht ist es doch zweckmäßiger, den Rationalitätsbegriff ganz ähnlich wie den Wissensbegriff etwas bescheidener, etwas toleranter zu explizieren und keine Sicherheit zu fordern. Rationalität besteht dann also nicht in Beweisbarkeit oder in Letztbegründung, sondern in *Kritisierbarkeit*. Wenn wir als Mindestmerkmal von Wissenschaft Rationalität, als Mindestmerkmal von Rationalität aber Kritisierbarkeit fordern, dann würden wir sagen: Eines der Hauptmerkmale von Wissenschaft ist Kritisierbarkeit. Im empirischen Bereich drückt sich das vor allem aus in der Forderung der Falzifizierbarkeit und in der Hoffnung, eine Theorie, wenn sie falsch ist, auch als falsch erkennen zu können. Aber es gibt natürlich viele Disziplinen, die gar nicht empirischer Natur sind. Dort würde also nur das allgemeinere Kriterium der Kritisierbarkeit greifen. Schließlich gilt die Forderung im Bereich der technischen Umsetzung und hat dort auch Konsequenzen: Wenn wir wissen, daß unser Wissen nicht nur lückenhaft, sondern auch fehlbar ist, dann sollten wir das auch bei unserem praktisch-technischen Handeln berücksichtigen. Wir sollten die Systeme so gestalten, daß sie auch dann noch funktionieren, wenn wir oder sie Fehler machen. Es muß *Fehlertoleranz* – bei Ernst von Weizäcker heißt das sogar *Fehlerfreundlichkeit* – eingebaut werden.

Wir wissen ganz allgemein, daß wir immer vor Risiken stehen, daß wir, wie Arnold Gehlen sagt, *riskierte Wesen* sind. Wir sollten versuchen – das ist dann die letzte Ebene, die ich behandle –, das auch in unsere Lebensführung einzubauen. Sicherheit sollten wir weder für uns selbst beanspruchen noch von anderen fordern. Das ist also ein Aufruf zur *Bescheidenheit*, zunächst im epistemischen Sinne, also im Hinblick auf die Sicherheit unseres Wissens, dann aber auch im Hinblick auf die Garantierbarkeit von Erfolgen und auf den Anspruch an andere. Es ist unmöglich, daß man niemals Fehler macht. Unsere Strategie sollte nicht sein, keine Fehler zu machen, sondern einerseits zwar Fehler zu machen, aber diese als solche zu erkennen und zu eliminieren, andererseits die Systeme so zu gestalten, daß sie trotz ihrer und unserer Fehler noch einigermaßen erfolgreich, einigermaßen zuverlässig arbeiten. Hier gehen also die Konsequenzen der Unsicherheit unseres Wissens bis hinein in den Alltag und in die zwischenmenschlichen Beziehungen.

Diskussion

Fischer: Vielen Dank für die Erläuterung der eigentlichen Unsicherheit des Wissens. Ich bin persönlich noch so sehr Physiker, daß ich den Stolz dieser Wissenschaft gerne ein bißchen anführen möchte. Ich sehe ja diese Argumente zum großen Teil ein, daß es kein sicheres Wissen gibt. Aber nun gibt es auch verschiedene Stufen der Falzifizierbarkeit. Z. B. sind die Physiker stolz darauf, daß es eine Quantenelektrodynamik gibt, die man bis zur zehnten Stelle hinter dem Komma verifizieren kann. Richard Feynman etwa äußert in seinen Büchern immer ganz stolz: Ich zeige Ihnen einmal, wie genau meine Theorie ist. Dann werden so 15, 16 Stellen hinter dem Komma einer Konstanten vorgeführt, und das Experiment stimmt genau bis an diese Stelle überein. Weiß man denn jetzt doch nicht sicher, wie die Elektronen mit dem Licht wechselwirken?

Vollmer: Nein, man weiß es nicht sicher. Was man sagen kann, ist folgendes: Theorien versuchen, Strukturen der Welt zu erfassen. Wir ziehen daraus Folgerungen. Das aber ist nun ein logisches Element, eine einfache logische Einsicht: Die Bestätigung der Folgerungen beweist noch nichts über die Wahrheit der Voraussetzungen. Was ich vorhin für das Verhältnis von Allaussagen zu Einzelaussagen angedeutet habe, die Unmöglichkeit, mit endlich vielen Erfahrungen echte Allsätze zu beweisen, das gilt noch viel allgemeiner. In der Regel ziehen wir aus der Theorie Folgerungen, die in der Erfahrung überprüft werden. Wenn die Übereinstimmung so gut ist, wie Sie sagen, ist das natürlich ein gutes *Motiv*, an der Theorie vorläufig festzuhalten; aber nicht, weil man jetzt wüßte, daß sie wahr ist, sondern weil man keinen Anlaß hat, nach Besserem zu suchen. Aufgabe des Wissenschaftlers ist ja nicht, Theorien zu beweisen, sondern zwischen konkurrierenden Theorien die jeweils bessere auszuwählen. Natürlich gibt es – gerade wegen der verlorenen Sicherheit – ein Bedürfnis nach Zuverlässigkeit. Zuverlässigkeit kann man pragmatisch bestimmen; man prüft dabei insbesondere, wie sich etwas bisher bewährt hat. Aber daraus folgt noch keine Sicherheit und wenig über die Wahrheit.

Fischer: Ich meine, es wird immer wieder als Stolz der Physik vorgeführt, und man möchte doch gerne zeigen, daß es wirklich besser verifizierbar ist als anderes. Aber das ist nur der Geist, in dem man an der Universität erzogen wird. Also, man hat diese Vorlesungen gehört, und dann kommt Popper dazwischen.

Böckle: Wäre das nicht die *Genauigkeit* einer konkreten Messung gewesen, die er als Beispiel angeführt hat? Das zeigt ja dann nur wenig zur Theorie. Wie Sie sagen, es ist ein guter Grund, die Theorie gelten zu lassen. Aber da würde ich eher von Genauigkeit sprechen. Aber das war nicht eigentlich meine Frage.

Ich meine, ich möchte eine ketzerische und erst einmal theologische Bemerkung zum Ganzen machen. Also, all das, was Sie gesagt haben, ist eigentlich, ich möchte fast sagen, die ganz selbstverständliche Konsequenz aus einer richtig verstandenen theologischen Aussage, daß alles innerweltliche Wissen und Tun kontingent ist. Es gibt nichts Unbedingtes in dieser für uns gelebten und erfahrbaren Welt. Das einzige Unbedingte, auf das eben dann der Theologe rekurriert, das wäre der schlechthin transzendente Grund dieser gesamten Wirklichkeit, den wir ja nicht beweisen können. Aber das wäre also zunächst einmal theologisch für mich eine ganz große Selbstverständlichkeit, daß das sich so ergeben muß, wenn Sie genau präzise und logisch denken, wie Sie präzise und logisch argumentativ gedacht haben. Ich bin auch der persönlichen Überzeugung, daß es in der theoretischen Vernunft keine synthetischen Sätze geben kann, die bedingungslos, unbedingt absolute Geltung haben, also in diesem Sinne schlechterdings wahr sind. Das gilt auch für meinen gesamten Bereich, soweit er theoretisch angegangen wird, für das sogenannte normative Wissen. Auch Normen haben immer nur bedingte Geltung. Eine einzige Frage wäre – aber das führt nicht viel weiter –, ob es möglicherweise im Bereich der theoretischen Vernunft analytische Urteile gibt. Aber die sagen nichts. Schwarz ist schwarz. Oder bei uns im Ethischen: Mord ist immer verboten, wenn ich im Subjektbegriff Mord als eine widerrechtliche Tötung definiere. Dann ist es natürlich widerrechtlich. Das bringt aber nichts.
Etwas ganz anderes ist die Frage, ob es nicht im Bereich der praktischen Vernunft so etwas wie praktische Wahrheit gibt. Honnefelder hat jüngst in einer Arbeit diesen Begriff analysiert: Was meint eigentlich der Begriff »praktische Wahrheit«? Er sagt, es kann eigentlich sinnvoll nichts anderes sein als jene Identität in der Syneidesis, in dem Gewissen, in dem sich das unbedingte Beanspruchtsein der Freiheit, nämlich sich an nichts anderem zu orientieren als an der Vernunft und Vernünftigkeit, in dem sich dieser kategorische Imperativ verbindet mit einer kontingenten Einsicht aus Gründen, das habe ich jetzt zu tun, das ist jetzt das Richtige für mich im Sinne des praktischen Handelns, denn ich kann ja eigentlich nicht mit einem Zweifel handeln, sondern ich

muß eine praktische Sicherheit erreicht haben, die immer korrigierbar und fehlbar bleibt. Aber sie ist jetzt in der Situation für mich die richtiger erscheinende. In dem Augenblick verbindet sie sich mit dem Unbedingtheitsanspruch des Sittlichen. Diese so gefundene Identität von Unbedingtheitsanspruch und bedingter Erkenntnis wäre dann als praktische Wahrheit zu bezeichnen. Die hätte also ein Element des Unbedingten in sich und ist gleichzeitig, in ein und demselben Augenblick, selbst korrekturoffen, denn ich kann schon fünf Minuten später feststellen, daß ich mich getäuscht habe, und mich dann wieder korrigieren. Trotzdem hat sie im Augenblick den Charakter des sicheren Verpflichtetseins.

Vollmer: Trotzdem gibt es, glaube ich, hier noch einen großen Unterschied. Sie sagen, alles Innerweltliche sei kontingent. Es könnte nun sein, daß auch dies eine analytische Aussage ist oder daß es, selbst wenn es nicht analytisch ist, doch begründet wird über die *Annahme einer Existenz von etwas Außerweltlichem.* So daß Sie die Unterscheidung gerade so treffen: Außerweltliches ist unbedingt oder absolut, das andere, das Innerweltliche, nicht.

Die Position, die ich hier vertreten habe, würde eine solche These oder einen solchen Anspruch, daß es nämlich außerhalb dieses Bereichs noch etwas anderes gäbe, an dem sich das Innere dann spiegelt oder festmacht, *nicht brauchen*, also zwar nicht bestreiten, sondern ganz einfach nicht brauchen.

Der Popper-Schüler Bartley nennt diese seine Position »pankritischen Rationalismus«. Bei Poppers kritischem Rationalismus wird alles für die Kritik offengehalten – außer dem Entschluß, alles für die Kritik offenzuhalten. Popper meint, dieser Entschluß sei letztlich eine Entscheidung, sogar eine ethische Entscheidung, und die sei nicht mehr kritisierbar. Bartley findet diese Position inkonsequent, und ich finde das auch. Der *pan*kritische Rationalismus dagegen sieht auch den Entschluß zu einer solchen Kritisierbarkeitsforderung als seinerseits kritisierbar an, ist also selbstanwendbar und versucht, ganz von innen heraus zu argumentieren.

Damit komme ich zu dem von Ihnen angesprochenen praktischen oder auch normativen Bereich. Wenn schon unser fakti-

sches Wissen vorläufig, fehlbar und – um im Jargon unseres Gesprächs zu bleiben – unsicher ist, so gilt das für Normen erst recht: Faktische Aussagen lassen sich, wenn wir Glück haben, wenigstens überprüfen und vielleicht sogar widerlegen; normative Aussagen dagegen lassen sich eben nicht auf ihre Geltung hin überprüfen – es sei denn, man definiert Geltung deskriptiv.
Sie hatten auch von dem kategorischen Imperativ gesprochen, sich an der Vernunft zu orientieren. Für den pankritischen Rationalisten wäre auch das eine Art Versuch: Laß es uns damit versuchen, daß wir uns an der Vernunft orientieren! Es wäre denkbar, daß jemand sagt: Der Versuch ist gescheitert; die Vernunft ist doch nicht das, was ich dachte; sie leistet nicht das, was ich von ihr erhoffte. Und daß er wieder davon abgeht und vielleicht nur noch meditiert oder ähnliches.
Böckle: Von 24 Studienstiftlern in meiner Gruppe haben 22 erklärt: Laßt uns jetzt endlich nicht mehr der Vernunft vertrauen, sondern laßt uns auch Angst haben.
Vollmer: Gerade das kann aber auch sehr rational, also sehr vernünftig sein. Es ist offenbar nötig, wenn auch nicht ganz einfach, Rationalität auf verschiedenen Stufen zu unterscheiden.
Das entscheidende Kriterium ist die Frage, ob es außerhalb des jeweiligen Bereiches – persönlicher Überzeugungen, praktischen Handelns, wissenschaftlichen Wissens, philosophischer Reflexion – noch einen weiteren übergeordneten Bereich gibt. Nicht ausgeschlossen ist natürlich, daß wir subjektiv einer Sache ganz sicher sind, sein dürfen, sein müssen, schon aus Überlebensgründen. Wir können die skeptische Position nicht in jede unserer Überlegungen, in jede unserer Handlungen einbauen. Wir leben einfach im Vertrauen darauf, daß das meiste so bleibt, wie es war. Das ist auch unabdingbar. Der Erkenntnistheoretiker aber untersucht, ob diese Position sich *legitimieren* läßt. Sie ist praktisch; sie hat sich bisher bewährt; aus ihrer Bewährung läßt sie sich sogar erklären. Aber legitimieren läßt sie sich daraus nicht.
Lübbe: Mit der Person von Herrn Vollmer hat Herr Fischer ja ein zweites Mal einen Philosophen ins Programm geholt. Von der Philosophie, die Herr Vollmer vertritt, wie auch ich sie vertrete, von der Philosophie im allgemeinen läßt sich ja sagen, daß

sie eine ungeheuer einflußreiche und immer wieder einmal die Welt verändernde Bemühung ist. Das klingt sehr anspruchsvoll, aber was damit gemeint ist, sieht man ja sofort, wenn man sich klarmacht, daß – das ist ein böses Beispiel – die großen, dann tödlich gewesenen Ideologien dieses Jahrhunderts voll von Philosophie stecken. Das stammt ja nicht zuletzt aus den Denkerstuben, und es hat sich dann in der politischen Anwendung gräßlich wirksam gezeigt. Die Philosophie ist eine sehr praktische Sache. Das gilt natürlich auch für die Logik, die immer ein Teil der Disziplin Philosophie gewesen ist, ohne deren Entwicklung schließlich, auch unabhängig von der Philosophie im disziplinären Sinne, ja etwa die ganze Datenverarbeitungstechnik niemals möglich geworden wäre.

Die Philosophie ist also ungeheuer einflußreich. Nur für die Wissenschaftstheorie – vielleicht gibt es auch noch andere Beispiele – könnte man nicht sagen, daß sie zu den besonders einflußlosen philosophischen Disziplinen gehört. Damit meine ich jetzt näherhin: Nie haben sich die praktischen Forscher auch nur im mindesten an den Beschreibungen oder auch an den Normen orientiert, die von den Wissenschaftstheoretikern formuliert worden sind. Kurz gesagt, die ganzen Reflexionen, die uns hier eindrucksvoll vorgeführt worden sind, über Sicherheit und Nichtsicherheit des wissenschaftlichen Wissens, über den Sinn des Beweises und das, was sich daraus an Qualifikationen für unser wissenschaftliches Wissen ergibt, das alles ist für die Forschungspraxis vollkommen folgenlos.

Es ist natürlich von Interesse – das ist zunächst einmal wiederum philosophisches Interesse –, sich zu fragen, warum das so ist, wenn denn diese Unterstellung richtig ist. Darüber kann man natürlich auch noch streiten, ob es so ist, wie ich sage, daß die Wissenschaftstheorie für den Forschungsprozeß selbst vollkommen folgenlos geblieben ist.

Wenn das so ist, dann, so würde ich sagen, ist die Antwort auf die Frage »Warum ist es so?« dies, daß die Forscher selbst wohl einem ganz anderen Kriterium für den Sinn ihres Tuns folgen, als es jene Kriterien sind, über die Sie berichtet haben. Ich will einmal den Versuch machen zu sagen, was es für ein Kriterium ist. Es ist das Kriterium, ob das auf das vermeintliche Wissen, über das man bereits verfügt, gegründete Handeln, das forschungspraktische Handeln, dann aber auch das technische Handeln – und das ist ja zum Teil auch wiederum dasselbe, weil ja viele Forschungshandlungen nur durch technische Realisierungen überhaupt vollzogen werden können –, daß also das auf das vermeintliche Wissen gegründete und sich daran anschließende Handeln sich als ein erfolgreiches Handeln erweist. Das tut es nun in so überwältigender Weise, daß der Erfolg, der forschungspraktische Erfolg oder auch der Erfolg der Anwendung des Wissens für die kulturelle Realität des Forschungshandelns als Legitimation vollkommen ausreicht. Das, meine ich, wäre dann zugleich der Grund dafür, warum man sich um die Finesse des wissenschaftstheoretischen Reflektierens sozusagen im Forschungsprozeß selbst nicht zu kümmern braucht.

Fischer: Wollen Sie darauf antworten?

Vollmer: Ja, gerne. Es handelt sich ja hierbei um mindestens zwei Aspekte. Das eine ist die *deskriptive* Frage, ob Wissenschaftler sich heute um wissenschaftstheoretische Kriterien kümmern oder nicht. Sie sagen, sie tun es nicht. Das ist in erster Näherung sicher richtig, in zweiter Näherung aber doch wieder nicht. Man findet heute durchaus Arbeiten, in denen etwa nach dem Falzifizierbarkeitskriterium argumentiert wird, in denen sehr deutlich vorgestellt wird: Wir haben drei Alternativen; zwei können wir aber widerlegen; also ist vorerst nur die dritte aufrechtzuerhalten. Aber das tun nicht alle und wohl nicht einmal viele.

Trotzdem könnte man sagen – und nun kommt ein *wertender* Aspekt –: Wenn die Wissenschaftler sich um Wissenschaftstheorie nicht kümmern, um so schlimmer für die Wissenschaft! Und zwar nach innen wie nach außen. Nach innen: Für den wissenschaftlichen Fortschritt gibt es nichts Schlimmeres als Dogmatismus. Nach außen: Hätte man die Vorläufigkeit unseres Wissens schon früher genügend beachtet, dann hätte es diese unglückselige Wissenschaftsgläubigkeit gar nicht erst gegeben, und man hätte sich viele Fehler der Vergangenheit ersparen können. Heute allerdings scheint mir das Pendel gerade umgekehrt auszuschlagen. Ob dabei die Wissenschaftstheoretiker ein Verdienst oder eine Schuld trifft, weil sie die Unsicherheit unseres Wissens betont haben, oder ob man auch wieder nur an forschungspraktischen und technisch-praktischen Mißerfolgen erlebt und gelernt hat, ist schwer zu sagen. Jedenfalls weiß man heute, die Wissenschaft ist nicht das Instrument für die Sicherheit, die wir von ihr erwartet haben, und die Wissenschaftler sind nicht die Götter in Weiß, als die wir sie gesehen haben. Daß man nun aber sagt: Also weg damit, dann taugt Wissenschaft eben nichts, und dann können wir sie auch lassen – das ist nun auch eine Überreaktion.

Deshalb, so meine ich, ist es wichtig, sich zu fragen: Wenn schon nicht Beweisbarkeit und nicht jene Absolutheit, die man der Wissenschaft zuschrieb, was bleiben dann für Beurteilungskriterien? Die sind dann natürlich alle nicht mehr so glatt und einfach und letztgültig, sondern sie werden deutlich komplizierter. Also mir scheint, daß es immer noch genügend Grund gibt zu fragen: Wie hätte es denn verlaufen können? Und was könnte man heute tun, um etwa Wissenschaftsgläubige von ihrer blinden Gläubigkeit oder um Wissenschaftsfeinde von ihrer blinden Feindschaft abzubringen?

Natürlich könnten Sie in 50 Jahren erneut feststellen: Es hat wieder alles nichts genützt. Aber ich bin da doch etwas optimistischer. Ich meine, daß man auch Lehrern raten kann, sie sollen Experimente nicht so kumulativ, nicht so induktiv interpretieren. Sie sollen niemals sagen: Also ist das Fallgesetz ein quadratischer Zusammenhang zwischen Weg und Zeit. Denn irgendwann später lernt der Schüler eine Korrektur. Dann wundert er sich, wieso jener aus Erfahrungen, die jeder nachvollziehen kann, und mit Hilfe einer Logik, die allgemein verbindlich zu sein scheint, etwas folgern konnte, was sich nun doch als falsch erweist. Das ist ja ein gewaltiges Paradoxon. Wenn man aber von vornherein sagt: »Laßt es uns einmal mit dieser Hypothese versuchen; sie bewährt sich; es hat Sinn, daran festzuhalten«, dann ist es nicht mehr so erstaunlich, wenn einmal etwas schiefgeht, wenn sich etwas als falsch erweist. Man sieht dann, daß wir immer auf der Suche nach Besserem sind, ohne das Allerbeste je zu erreichen.

Schaffner: Ich glaube nicht, daß die Wissenschaftsphilosophie ohne Einfluß geblieben ist. Ich glaube, wir sind als Naturwissenschaftler bescheidener geworden. Es wird bei uns gelehrt, daß es eben absolute Erkenntnisse letztlich nicht gibt. Aber ich möchte doch zu bedenken geben, daß es eben im praktischen Bereich dann ungeheure Unterschiede gibt, eben diese physikalischen Versuche, wo man innerhalb dieser Hypothese beim Experiment dann auf zehn Kommastellen genau herankommt, oder auch das Fallgesetz, das immerhin schon sehr lange da ist und wo es eigentlich sehr unwahrscheinlich erscheint, daß das noch zu Fall gebracht werden wird. Ich glaube eben, man muß das so sehen, daß die Wissenschaft sich darauf eingestellt hat. Ich glaube, die Wissenschaftstheorie hat da schon etwas Brauchbares gebracht. Aber man muß sehen, daß es dennoch in der alltäglichen Anwendung so gemacht wird wie auch sonst. Man dreht den Wasserhahn und erwartet, daß das Wasser fließt. Man nimmt das als bewiesen an, daß das funktionieren wird. Es gibt einfach tatsächlich ungeheure Unterschiede zwischen der Brauchbarkeit einer Erkenntnis und ihrer Anwendbarkeit, wie z. B. eben das Fallgesetz oder eine Sequenz eines Genoms. Das ist so viel genauer als z. B. die Frage, wann man einen Patienten nach einer schweren Operation wieder in den Korridor hinauspeitschen kann. Ab wann ist es nützlich? Von wo an ist es bereits wieder gefährlich? Das sind Ermessensfragen, die einen ganz anderen Auflösungsgrad haben.

Bischof: Ich würde auch gern die These von Herrn Lübbe etwas qualifizieren, wenn man sie so programmatisch formuliert: Die empirischen Wissenschaftler kümmern sich nicht um Wissenschaftstheorien. Da muß man unterscheiden zwischen Wissenschaftstheorie als akademischer Angelegenheit, d. h., Wissenschaftstheorie sind wissenschaftstheoretische Probleme, sofern sie von akademisch dafür bestallten Wissenschaftstheoretikern verkündet werden, im Unterschied zu wissenschaftstheoretischen Problemen, die im wissenschaftlichen Alltag entstehen. Was die letzteren anbelangt, so glaube ich, daß die Beziehung gerade umgekehrt so ist, daß sie häufig aus der Arbeit des empirischen Wissenschaftlers heraus überhaupt entstehen, d. h., daß der empirische Wissenschaftler gar nicht reiner empirischer Wissenschaftler ist, sondern aus seiner Arbeit heraus zum Erkenntnistheoretiker wird, und zwar als integrierender Bestandteil seiner empirischen Arbeit. Ganz klar sieht man das bei der Entstehung der speziellen und auch allgemeinen Relativitätstheorie auf der einen Seite. Was meinen wir eigentlich, wenn wir sagen, zwei

Ereignisse an verschiedenen räumlichen Positionen seien gleichzeitig? Das ist eine wissenschaftstheoretische Frage gewesen. Oder letztlich auch die Entstehung der evolutionären Erkenntnistheorie, die im Grunde ja eigentlich aus der Beschäftigung mit der Evolutionstheorie heraus entstanden ist. Also, so gesehen würde ich sagen, die Empiriker kümmern sich nicht nur um Erkenntnistheorie, sondern sind an der vorderen Front, wenn es darum geht, sie zu entwickeln.
Fischer: Möchten Sie dazu etwas sagen?
Vollmer: Nein. Ich bin ein Geist, der gern verneint; aber hier gibt es nichts zu verneinen.
Lehner: Herr Vollmer, Sie haben die Frage aufgeworfen: Was haben wir eigentlich von sicherem Wissen? Es wird so inszeniert, daß das von vornherein gut ist, daß es in jedem Fall erstrebenswert ist, und das Gegenteil nicht. Sie haben dann gesagt, möglicherweise – oder ich unterstelle Ihnen das, daß das eine Logik bei Ihnen ist – ist sicheres Wissen zumindest dafür gut, daß man es in der Schule lernen kann, denn in der Schule wird nur das sichere Wissen oder das vermeintlich sichere Wissen gelehrt, aber nicht die Schritte und die Zweifel, die auf diesem Weg ja auch zu finden sind. Das heißt also, der Lehrer kümmert sich nicht um Wissenschaftstheorie, und er nimmt den eigentlich doch hypothetischen Charakter unseres Wissens nicht als solchen, sondern als Wahrheit auf. Durch dieses sichere Wissen in der Schule verhärtet sich sozusagen das Wissen, so möchte ich sagen, zu einer Art Realität, der man nicht mehr ansieht, daß sie eigentlich ein Konstrukt von Überlegungen und Wahrnehmungen ist. Das führt dann letztendlich zu so etwas wie einem Dogma, einer Verhärtung. Dagegen muß gewissermaßen wieder Gegenwissen oder anderes Wissen mobilisiert werden, damit die Realität verändert werden kann, die Dogmencharakter hat. Das erinnert mich an den Satz der Studenten, den Herr Böckle zitiert hat. Wenn die sagen: »Was ist eigentlich mit der Vernunft? Wir vertrauen ihr nicht mehr so richtig. Laßt uns doch einmal Angst haben!«, dann interpretiere ich das eigentlich als einen Impetus, dieses allzu sichere Wissen, das die Realität verhärtet hat, an der man nichts mehr machen kann, an der man nichts mehr verändern kann, wieder in Frage zu stellen.

Vollmer: Wobei Sie bei dem Adjektiv »sicher« jetzt in der Regel gemeint haben, daß man es für sicher *hält*, wie Sie ja auch einmal hinzugefügt haben. Also, sicher ist es nicht, aber es wird als sicher vermittelt.

Lehner: Ja, aber das ist nicht mehr bekannt. Es gilt als sicher. In der Schule gelten die Naturgesetze eben als unumstößliche Sicherheit. Daran werden keine wissenschaftstheoretischen Zweifel mehr geäußert. Das ist sicher. Das gilt dogmatisch als sicher und real.

Vollmer: Soweit ich Einblick in die Schulpraxis habe, ist es heute so, daß die Lehrer durchaus gelegentlich, sozusagen zum Advent, sagen: Unser Wissen ist vorläufig. Also so weit ist das in die Schule oder auch in die Hochschule übergegangen. Aber die Unterrichtspraxis suggeriert dann doch die Möglichkeit, aus dem Experiment, durch strenge experimentelle Prüfung, sicheres Wissen zu erlangen. Ich gebe Ihnen völlig recht, daß das zu einer Art von Dogmatismus führt. Wir hatten vorhin nur von Wissenschaftsgläubigkeit gesprochen. Aber auf der anderen Seite ist es dann eben Dogmatismus, wenn jemand sagt: »Ich habe es doch studiert. Wie kannst du nur daran zweifeln?«

In diesem Zusammenhang darf ich doch noch auf Herrn Schaffners Bemerkung zum Fallgesetz eingehen. Dieses Fallgesetz ist falsch! Das kann man leicht zeigen. Wir wissen, daß Steine, auch wenn keine Luft da ist, wenn also kein Luftwiderstand existiert, sich im Einfluß des Schwerefeldes der Erde bewegen. Dafür gilt also die Gravitationstheorie. Nun soll sich nach Galilei ein geworfener Stein auf einer Parabelbahn bewegen. Vorhin sprach ich schon vom quadratischen Zusammenhang zwischen Weg und Zeit, und der liefert ja eine Parabel. Aber unter dem Einfluß desselben Schwerefeldes bewegt sich auch der Mond; und der bewegt sich *nicht* auf einer Parabel, sondern auf einer Ellipse. Auch alle Planeten bewegen sich auf Ellipsen, auf den sogenannten Kepler-Ellipsen, natürlich wieder nur in erster Näherung. Ja, beschreibt denn nun ein Körper bei seiner Bewegung um einen Massenmittelpunkt eine Ellipse oder eine Parabel? Schließlich kann nicht beides zugleich wahr sein. Wenn man genau hinsieht und die Newtonsche Theorie benutzt, um den freien Fall zu beschreiben, dann ist die Bahn eines im luftleeren Raum und reibungsfrei fallenden Steines ein Stück Ellipse und *nicht* ein Parabelstück. Diese Bahn wäre nur dann eine Parabel, wenn die Erde unendlich ausgedehnt und flach wäre und doch endliche Masse hätte, also nur unter Bedingungen, die nicht nur nicht realisiert, sondern physikalisch völlig unrealisierbar sind.

Das ist also ein schönes Beispiel dafür, daß man sogar als Naturwissenschaftler etwas für längst gesichert hält und lernt und lehrt, obwohl der Widerspruch sogar im Unterricht aufgezeigt werden könnte. Unter dem Titel »Darf man Falsches lehren?« habe ich darüber geschrieben. Natürlich muß man sich darüber im klaren sein, was man mit wahr und falsch meint, ob man sich berechtigt fühlt, etwas schon dann wahr zu nennen, wenn es sich gut bewährt hat, oder vielleicht schon dann, wenn es keine Gegengründe gibt, oder ähnliches. Bei dem etwas anspruchsvolleren Wahrheitsbegriff, den ich unterstellt habe, wäre jedenfalls das Fallgesetz falsch. Meistens sagt man, es sei näherungsweise wahr, aber »näherungsweise wahr« heißt eben »nicht ganz wahr«, und wenn es nicht ganz wahr ist, dann ist es eben nicht wahr, sondern falsch. Also in der Disjunktion wahr–falsch ist es falsch. Deshalb halte ich es für ganz wichtig, daß man im Unterricht immer wieder hinweist nicht nur auf die *Fehlbarkeit*, sondern auf die *Falschheit* von vielem, was man lehrt. Allerdings kann der Lehrer nicht vor jedem Satz oder vor jeder Stunde sagen: »Liebe Kinder, heute erzähle ich euch wieder einmal etwas Falsches. Paßt also schön auf!« Lernpsychologisch ist das natürlich nicht zumutbar.

Lübbe: Darauf sind Sie nicht eingegangen, das Kriterium ist doch ersichtlich ein pragmatisches, d. h. für Artilleristen ausreichend.

Vollmer: Aber für Wissenschaft, für Erkenntnistheorie, für Forschung und Lehre, für wissenschaftlichen Fortschritt ist es ganz wichtig zu wissen, daß unser Wissen fehlbar und oft wirklich falsch ist, unter welchen Bedingungen man eine fehlbare Theorie gleichwohl benützen darf oder sich eben erlaubt, sie zu benützen, und wann man sie lehren darf, vielleicht sogar, ohne jedesmal zu sagen: »Das ist eigentlich falsch.« Gelegentlich muß man das aber dazusagen. Für gewisse Zwecke darf man dogmatisch sein; für gewisse Zwecke darf man sicher sein; für gewisse Zwecke darf man etwas Falsches sagen; aber eben nicht grundsätzlich und unkritisch.

Böckle: Ist nicht vieles davon ein semantisches Problem? Selbstverständlich folge ich Ihnen ja in allen Ihren logischen Ausführungen voll und ganz. Das ist so überzeugend. Aber könnte man nicht den Begriff der Genauigkeit etwas mehr hier einfügen? Mit dem Wahrheitsbegriff geraten Sie ständig in die Probleme, die Sie selbst als logische Probleme benennen. Eigentlich sind sie doch im Grunde genommen semantische Probleme, weil Sie den Begriff Wahrheit doch definieren als sicheres Wissen. Sie haben dann gesagt, nehmen wir ihn etwas toleranter. Was heißt das? Ich würde den deutschen Begriff der Genauigkeit hier einmal diskutieren, ob wir damit nicht weiter kämen, und sagen: Wir haben nie eine 100%ige Genauigkeit. Das gilt doch sowohl für unsere Meßmethoden als auch ganz logischerweise für die daraus abgeleiteten Theorien.

Vollmer: Danach kann man dann fragen: Was machen wir denn nun? Reden wir über die Präzision der Theorie, über die Genauigkeit der Theorie, über die Stellenzahl der Theorie, über die bestätigenden Instanzen, über die Menge der Falsifikationsversuche, die wiederum gescheitert sind? Aber da muß man sich erst einmal darüber im klaren sein, daß dieses Problem besteht. Also eine Wissenschaft, die auf den Wahrheitsbegriff verzichtete, weil er schwierig ist, das wäre mir noch kein ausreichendes Motiv. Ein Ingenieur kann sagen: Ich mache sowieso nur Modelle. Je komplizierter die Systeme sind, die wir betrachten, desto häufiger werden wir uns begnügen müssen mit phänomenologischen Methoden, mit phänomenologischen Gesetzen und mit Fragen nur der Anwendbarkeit. Aber als Philosoph oder als Erkenntnistheoretiker will man natürlich nicht immer unten hängenbleiben und zuerst erklären: Wie steht es mit der Wahrheit, der Sicherheit, der Erreichbarkeit? Wenn denn sie nicht erreichbar sind, was machen wir denn dann? Ist das schon das, was wir schon immer tun, oder ist das vielleicht dann doch etwas anderes, als wir schon immer tun? Ich denke, man kann hier Vorschläge machen, einiges anders zu machen in der Schule, im Lehrbuch, in der Hochschulpraxis und als Forscher, als man es bisher getan hat.

Schaffner: Ich glaube, daß es verheerend wäre, wenn in der Schule der Lehrer immer wieder sagen würde: Das ist wahrscheinlich falsch; das ist alles ungesichert. Ab und zu soll man das schon sagen. Aber ich glaube, es wäre natürlich jedes menschliche Wissen in die gleiche Kategorie einzuordnen, denn das, was über den Gallischen Krieg bekannt ist, ist bei weitem nicht so genau bekannt wie das, was über das Fallgesetz erworben worden ist. Ich glaube, die meisten menschlichen Bereiche sind noch viel weniger wirklich durchschaut als eben die einfachen physikalischen Gesetze, so daß es also völlig kontraproduktiv wäre. Ich glaube, die Gefahr ist natürlich auch die, wenn allzuviel eben zurückgenommen wird an Sicherheit der Aussage in der Schule – ich rede jetzt wirklich nicht von der Universität, sondern von der Schule –, daß dann einfach ein Funktionieren der Schule gar nicht möglich wäre. Ich glaube, wir leben alle mit der Vorstellung, daß die Erde rund ist. Natürlich wissen wir unterdessen, daß sie ein Rotationsellipsoid ist. Wir wissen auch von Satellitenaufnahmen, daß es nicht einmal ein Rotationsellipsoid ist, sondern eine ganz leichte Birnenform. Aber ich glaube, wenn man eben verkünden würde: »Es ist alles falsch. Die Welt ist nicht rund!«, dann würde das nur zu einer unnötigen Verunsicherung führen. Ich selber habe es als richtig empfunden, daß wir in den Genetikvorlesungen der ersten beiden Semester auch ein relativ grobkantiges Gebilde vorgesetzt bekommen haben und dann im Laufe des Studiums eben all diese Einschränkungen und Ausnahmen aufgrund eines einmal errichteten Gedankengebäudes gesehen haben.
Lehner: Ich möchte noch einmal auf das erfolgreiche praktische Handeln, das Herr Lübbe hier eingebracht hat, der Wissenschaft eingehen. Es ist ja dieses erfolgreiche praktische Handeln, das diese Fama »Die Wissenschaft verfügt über sicheres Wissen der Welt« unschlagbar gemacht hat und dann im Grunde zu einer Ideologisierung geführt hat, so daß man jetzt eigentlich fragen muß: Ist Wissenschaft dazu da, uns ein Sicherheitsgefühl darüber zu verschaffen, was denn die Welt ist und was wir selber sind, wenn wir in der Welt leben? Oder ist Wissenschaft dazu da, sich auf die Suche nach Erkenntnis und nach Wahrheit zu machen? Möglicherweise ist das gar nicht unbedingt immer vereinbar.
Vollmer: Vielleicht kann ich diese beiden Fragen zusammen be-

antworten. Natürlich hat es keinen Sinn, immer zu sagen: Was ich euch heute erzähle, ist falsch. Aber man kann trotzdem den Unterricht so aufbauen, daß man nicht immer suggeriert, die Methode führe zu sicherem Wissen, sondern daß man etwa sagt: »Laßt es uns damit versuchen.« Das, meine ich, kann man schon in der Schule. Das kann man in der Grundschule; das kann man im Kindergarten; das kann man zu Hause. »Laßt es uns damit versuchen.« Oder: »Soweit ich weiß.« Das sind im Grunde dann vielleicht wirklich nur Floskeln. Aber bisher fehlen sie eben. Deshalb meine ich auch, daß man da Einfluß nehmen kann und sollte. Es stünde uns ganz wohl an, daß wir sagen: »Soweit wir wissen; soweit es die Wissenschaft bisher herausbekommen hat.« Oder: »Auf dem Niveau, auf dem wir arbeiten, sind wir mit dieser Hypothese ganz glücklich.«

Ideologisierungen sind immer schädlich. Sie beanspruchen oder versprechen eine Sicherheit, die es gar nicht gibt. Wenn man akzeptiert, daß unser Wissen vorläufig und fehlbar ist, so sollte sich das nicht nur in wissenschaftstheoretischen Lehrbüchern niederschlagen; das kann sich auch auf unser aller Gehabe, auf unseren gesamten Gestus auswirken. Und für die Politik könnte und sollte es erst recht wirksam werden; denn gerade dort werden ja sehr viele pragmatische Entscheidungen getroffen. Dabei geht es nicht nur um das Wissen, sondern auch um das Sollen und um Optionen auf die Zukunft. Auch dort könnte man viel deutlicher sagen, daß man es eben jetzt einmal so versuchen will und bereit ist zu lernen. Vermutlich wäre ich für die Politik geeignet. Ich würde nämlich den Wahlkampf so führen, daß ich sage: Meine Kollegen wissen alles schon; ich weiß eigentlich noch nicht viel, aber ich bin bereit dazuzulernen. Aber ich glaube nicht, daß das die Leute überzeugen würde.

Wir steigen nun von der Höhe der theoretischen Vernunft in die Niederungen des praktischen Experimentierens. In der kommenden Stunde geht es um die Gentechnik und die Risiken im Umgang mit dieser neuen Methode der Biologie. Hier haben wir eine Entwicklung vor uns, die in den siebziger Jahren damit begonnen hat, daß die Wissenschaftler mehr oder weniger selbst erschrokken waren über die neuen Möglichkeiten, die ihnen auf einmal offenstanden. Schon ein Jahr, nachdem die Grundoperation der Gentechnik entdeckt worden war, bemühte man sich, eine Konferenz einzuberufen, um hier ein Sicherheitskonzept und entsprechende Sicherheitsrichtlinien zu erarbeiten. Über diesen Themenkreis berichtet jetzt Walter Schaffner, der als Direktor eines der beiden Institute für Molekularbiologie an der Universität Zürich täglich mit der Gentechnik umgeht. Wie beurteilt er ihre Bedeutung und ihre Risiken?

Walter Schaffner
Das Leben aus dem Labor und seine Risiken

Ich möchte Ihnen heute eine kurze Einführung in die rekombinante DNS und die damit zusammenhängenden Labortechniken geben. Alle Organismen bestehen aus Zellen, die als Einheit des Lebens angesehen werden. Diese Zellen sind unterschiedlich groß. Eine Tierzelle zum Beispiel mißt etwa 1/30 mm, und eine Bakterienzelle dehnt sich nur etwa 1/1000 mm aus. Viren sind noch kleiner, wobei diese Strukturen aber keinen eigenen Stoffwechsel mehr haben und daher mehr die Grenze zum Unbelebten bilden.

In all diesen Zellarten findet sich nun ein und dieselbe Form der genetischen Information. Die Erbinformation liegt in langen, fadenförmigen Molekülen verschlüsselt vor, die als DNS oder DNA bekannt sind und aus langen Ketten von vier möglichen Bausteinen bestehen. Diese Bausteine sind chemisch als Basen bekannt. Sie werden mit den Anfangsbuchstaben ihrer Fachbezeichnungen abgekürzt und tauchen somit als A, T, G und C in den Zeitungen auf. Viren haben einige Tausend Bausteine in ihrem genetischen Material, bei Bakterien sind es Millionen, und in tierischen Zellen bewegt man sich im Bereich von Milliarden Bausteinen.

Wegen der Universalität des genetischen Codes und wegen der Universalität der DNS als Trägerin der Erbsubstanz sind gewissen Informationen bei Bakterien und Säugetieren praktisch identisch. Andere sind wiederum sehr verschieden voneinander. Also z. B. T, T, A, C, G, T, C, C, T könnte ein Ausschnitt aus dem Gen eines Elefanten sein, und A, C, G, T, T, T, C, A, G, C, C, T könnte ein Ausschnitt aus dem Gen eines Bakteriums oder eines Virus sein.

Die Neukombination von DNS

Ein fundamentaler Fortschritt, ein technischer Durchbruch wurde 1974 erzielt, als es gelang, ein Stück Erbsubstanz (DNS) aus einem Frosch in ein Bakterium einzupflanzen. Da ein Bakterium nur etwa 1/800 der Masse der Erbsubstanz von derjenigen eines Frosches oder eines Menschen hat, ist es unmöglich, ein solchermaßen verpflanztes Gen im Detail zu studieren. Dies geht in dem viel kleineren und reineren Umfeld des Bakteriums einfach besser. Diese Technik wurde wegen der Einpflanzung eines Stückes Erbsubstanz in einen anderen Organismus auch als Neukombination der DNS bezeichnet, als rekombinante DNS-Technologie oder DNA-Technologie, wie es im Englischen abgekürzt wird.

Dieses gelungene Experiment hat nun ganz weitreichende Folgen für die Biologie gehabt. Am Anfang war es eine kleine Gruppe von Molekularbiologen, die diese Methode verwendet hat. Sie haben damit Gene isoliert, und zwar Gene, die sich vorher wie eine Nadel im Heuhaufen versteckt hatten. Betrachten wir zum Beispiel ein menschliches Gen, etwa das Gen für Insulin oder eine Hämoglobin-Kette – diese Information macht etwa ein Millionstel der gesamten Erbinformation aus, d.h. sie war praktisch nicht auffindbar gewesen.

Die Genübertragung in Bakterien hat noch zu weiteren Veränderungen Anlaß gegeben. Trotz der Universalität des genetischen Codes kann ein Insulin-Gen in Bakterien nicht abgelesen werden aus Gründen, die ich hier nicht ausführen kann. Man hat diese Gene aber dann so verändert, daß Bakterien menschliches Insulin produzieren konnten. Schon bald nach diesen Experimenten regten sich nun die ersten Bedenken. Paul Berg, selber einer der Pioniere dieser rekombinanten DNS-Technik, rief 1975 in Kalifornien eine Konferenz zusammen. Hier wurde beratschlagt, was man überhaupt macht, wenn Erbsubstanz über Organismusgrenzen hinweg verpflanzt wird. Wie gefährlich ist das? Soll man das ganz verbieten? Wie kann man damit umgehen?

Es wurde beschlossen, eine Einteilung dieser Experimente vorzunehmen, und zwar wurden dann je nach Klassen Sicherheitsvorschriften aufgestellt. Im Prinzip waren diese Sicherheitsvorschriften orientiert an mikrobiologischen Laborpraktiken im Umgang mit gefährlichen Mikroorganismen wie z. B. Typhusbakterien, also Salmonellen, oder Cytomegalieviren oder anderen Krankheitserregern. Man hat angenommen, je menschennäher ein Organismus sei, desto größer sei auch die Gefahr für den Experimentator. Man hat eigentlich aufgrund von hypothetischen Gefahren diese Klassierung vorgenommen, indem z. B. eben eine Kombination von einem Stück eines menschlichen Virus mit einem anderen menschlichen Virus entweder gar nicht erlaubt wurde oder nur in der höchsten Sicherheitsklasse durchzuführen erlaubt war, während eine Neukombination zwischen der DNS einer Hefe und der DNS eines Bakteriums als weitgehend bedenkenlos betrachtet wurde.

Es war eigentlich erstaunlich, daß diese Richtlinien eingeführt wurden, obwohl keine Unfälle passiert waren, einfach aufgrund von hypothetischen Gefahrenmöglichkeiten. Zehn Jahre nach der Einführung wurde dann auch beschlossen, daß man die Sicherheitsvorschriften lockern kann, da in dieser Zeit kein Unfall mit neukombinierter DNS bekannt geworden war. Diese Bestimmungen sind in der veränderten Form heute noch gültig. Die amerikanischen Bestimmungen sind auch in der Schweiz übernommen worden. In Deutschland hat man eigene Richtlinien geschaffen, die sich aber weitgehend mit denjenigen der USA dekken und eher in allen Punkten etwas schärfer gefaßt werden.

Die Sicherheitsvorschriften reichen aus

Das erstaunliche ist, wie gesagt, daß es erstens einmal diese Einschränkungen gegeben hat ohne irgendwelche Präzedenzfälle. Normalerweise wird ja ein Geländer angebracht, nachdem jemand die Treppe heruntergefallen ist. Im nachhinein muß man trotzdem sagen, daß man wahrscheinlich damals zu wenig gewußt hat über die ungeheuren Möglichkeiten der natürlichen Genneukombination. 1980 habe ich selber im Laborexperiment folgendes gefunden: Wenn man die Erbsubstanz, welche man aus einem Stück Affenvirus nimmt, in ein Bakterium überträgt und diese Bakterien mit Säugetierzellen mischt, dann kann dabei die Erbsubstanz aus diesen Bakterien wieder auf die Säugetierzellen übertragen werden! Ich weiß noch, daß diese Nachricht bei vielen Kollegen eine große Verunsicherung ausgelöst hat. Also ist es doch möglich, rekombinante DNS aus Bakterien auf Säugerzellen zu übertragen?

Unterdesen ist es aber ziemlich offensichtlich für mich, daß solche Übertragunsvorgänge in der Natur tagtäglich milliardenfach vorkommen, daß die Schranken zwischen den Organismen viel durchlässiger sind, als man das ursprünglich angenommen hat. Es sind inzwischen auch Beispiele von sogenanntem horizontalen Gentransfer bekannt geworden, bei dem eine Spezies ein Stück Erbsubstanz von einer anderen übernehmen kann, und zwar ganz auf natürliche Weise und dies zum Teil schon seit Millionen Jahren. Man kann annehmen, daß solche Gentransfer-Neukombinationen in der Natur sehr häufig stattfinden, daß sich aber die allermeisten – wirklich die allermeisten – nicht bewähren und die Krankheitserreger z. B. im allgemeinen keinen Vorteil davon haben, ein Stück DNS aus einem fremden Organismus zu übernehmen.

Ich glaube, daß meiner Ansicht nach die Sicherheitsvorschriften, wie sie heute bestehen, mehr als genügen. Meiner Ansicht nach könnten sie sogar weiter gelockert werden. Ich weiß, das liegt vielleicht nicht im Trend der heutigen Diskussion, aber ich bin doch überzeugt, daß alles, was eben in der Natur von selbst gemacht wird, viel einfallsreicher und potentiell auch gefährlicher ist als das, was durch gezielte Neukombination für gentechnologische, für biotechnologische Zwecke gemacht wird, wie z. B. die Produktion von Erythropoietin in Säugetierzellen, die Produktion von Insulin in Bakterien oder die Produktion von Wachstumshormon. Ich glaube, daß diese natürlichen Kombinationen und Krankheitserreger viel gefährlicher sind als das, was im Labor erzeugt wird.

Es wurde berechnet, daß pro Tag in einem mitteleuropäischen Land eine Milliarde mal eine Milliarde Keime (also Mikroorganismen) unkontrolliert in die Umwelt abgegeben werden. Ich glaube, daß in diesen Keimen und auch bei jeder natürlichen Virusinfektion viele neue Varianten entstehen. Die meisten davon verschwinden wieder. Nach meinem Dafürhalten ist eigentlich die Neukombination von Genen im Labor kein neuer Gefahrenpunkt, so daß es ausreicht, die gleichen Einschränkungen, die gleichen Vorsichtsmaßnahmen anzuwenden wie beim Umgang mit natürlich entstandenen Krankheitserregern oder anderen Mikroorganismen, welche keine Krankheiten erregen.

Erstaunlich ist für mich der Verlauf der Diskussion über die Gentechnik. Zuerst wurde die Debatte in den USA ausgelöst. Dort gab es die Ängstlichen und die Optimisten. Die Ängstlichen waren Paul Berg und andere Kollegen. Die Optimisten waren vor allem James D. Watson und andere, die ihn unterstützt haben. Es zeigt sich heute, daß eigentlich die Optimisten recht behalten haben. Ich glaube, daß unter diesen Umständen die Welle der Ablehnung, die z. B. über die USA geschwappt ist in den späten siebziger und frühen achtziger Jahren, vergleichbar ist mit der Welle der Ablehnung, die jetzt zum Teil in der Bundesrepublik, zum Teil auch in der Schweiz ersichtlich ist. Ich glaube aber auch, daß sich diese Ablehnung wegen der eindeutigen Vorteile, die sich aus der Neukombination von DNS ergeben, mit der Zeit legen wird und daß, genau wie bei der Mikroelektronik, die Gentechnik, die Biotechnologie überhaupt, aus dem Leben nicht mehr wegzudenken ist.

Diskussion

Blaes: Sie sprachen davon, daß Genmanipulation in der Natur viel häufiger vorkommt, als man gedacht hat. Der Unterschied ist jetzt aber nicht so – dies für mein Verständnis –, daß dieser Vorgang in der Natur nicht gezielt eingesetzt wird, sondern eher zufällig zustande kommt, aber daß die Rekombination natürlich von uns aus sehr gezielt und manipulativ eingesetzt werden kann.

Schaffner: Das stimmt. Das, was man heute durch Zerschneidung der Erbsubstanz in Abschnitte mit Hilfe von molekularen Scheren, den sogenannten Restriktonsenzymen, durch Einbau von DNS in einen anderen Organismus, typischerweise in ein Bakterium bzw. in ein DNA-Ringmolekül, das im Bakterium als Nebenchromosom vorkommt, machen kann, ist natürlich unglaublich viel effizienter und viel gezielter als das, was in der Natur gemacht wird. Aber wir bringen ja keine Krankheitserreger hervor. Wir versuchen, möglichst harmlose Studien zu machen. Ich selber habe auch gar kein Bedürfnis, mich da als Held zu bestätigen. Die Zeiten sind vorbei, in denen die Forscher an sich selbst z. B. Cholera-Bakterien probieren. Wir versuchen, möglichst risikofrei zu arbeiten. Ich glaube einfach nicht daran – aufgrund meiner und auch aufgrund der weltweiten Erfahrung –, daß Kombinationen, mit denen man ein bestimmtes Grundlagenforschungsproblem lösen will oder eine bestimmte technische Anwendung im Auge hat, daß aus diesen Organismen eine größere Gefahr resultiert als aus Organismen, die natürlich entstehen.

In der Debatte werden oft Laborunfälle zitiert. Aber wenn man das ein bißchen genauer unter die Lupe nimmt, sind es eben Laborunfälle mit natürlich entstandenen Organismen. Das Marburg-Virus wurde mit Affen eingeschleppt. Es gibt etliche Unfälle, aber die sind auf natürlich entstandene Organismen zurückzuführen.

Bischof: Ich würde gern an das letztere Votum eine Reflexion anfügen. Die Frage war: Ist denn das nicht ein grundsätzlicher Unterschied? In der Natur passieren die Dinge per Zufall, der Mensch aber manipuliert. Ich habe mich gefragt: Was steckt hinter einem solchen Argument? Wenn man das Argument zunächst einmal auf seinen rein objektiven Gehalt betrachtet, ist es ja nicht verständlich. Dann heißt es: Die Natur würfelt, und der Mensch mogelt und legt einmal absichtlich eine Sechs hin. Wo soll denn da eigentlich der Unterschied sein? In der Natur kommen die Sechsen ja auch vor, nur eben per Zufall. Das kann also nicht gemeint sein mit dem Einwand. Was ist das Unbehagen, das sich an das Wort Manipulation hängt? Da muß ja noch etwas anderes dahinterstecken.

Ich war jetzt insofern ein bißchen überrascht – aber das kann an meiner Unwissenheit liegen –, weil ich die ganze Diskussion um die Gentechnologie und die Besorgnis in dem Zusammenhang bisher eigentlich nicht in erster Linie so verstanden habe, daß es darum geht, daß vielleicht unkontrollierbare Krankheitskeime entstehen könnten. Sondern das, was da letzten Endes, meine ich, bei vielen, die besorgt darüber sind, dahintersteht, ist der Gedanke: Hier kann in die Natur des Menschen eingegriffen werden. Ich habe ein bißchen den Verdacht, daß dieselben Leute, die heute dagegen opponieren, daß hier durch Gentechnologie in die Natur des Menschen und damit in unsere Existenz eingegriffen wird, daß das genau dieselben sind, die vor 20 Jahren ebenso vehement geleugnet haben, daß die Gene überhaupt irgendwelchen Einfluß auf den Menschen haben.

Das heißt, die Frontstellung ist mit veränderter Strategie dieselbe geblieben. Es ist das Aufbegehren des Freiheitsbewußtseins des Menschen gegen eine vermeintliche oder wirkliche Determiniertheit seitens der Biologie. Ich glaube, wir sollten im Rahmen des Gesamtthemas nicht aus dem Auge verlieren, daß das eigentlich wahrscheinlich die Stelle ist, wo wir am ehesten Querverbindungen knüpfen können zu den übrigen Themen, über die wir uns auf dieser Tagung unterhalten.

Schaffner: Ich kann mich dem anschließen.

Vollmer: Es tut mir leid, daß ich jetzt nicht direkt darauf Bezug nehme. Das wird sicher noch getan werden. Herr Lübbe hatte gestern deutlich darauf hingewiesen, daß man Risiko als Produkt aus Eintrittswahrscheinlichkeit des Ereignisses und dem Schadensausmaß ermittelt oder berechnet. Nun scheint es mir so zu sein, daß von diesen beiden Faktoren ursprünglich die Wahrscheinlichkeit, daß etwas entweicht oder passiert, überschätzt wurde. So hatten Sie es jedenfalls dargestellt. Die Konferenz von Asilomar war, wie Sie heute sagen, gar nicht nötig.

Schaffner: Nein, ich möchte nicht sagen, sie war nicht nötig. Ich glaube, sie war nötig. Man mußte darüber reden. Ich glaube, das war sinnvoll.

Vollmer: Selbst wenn die Gefahr, daß etwas passiert, vielleicht als kleiner erkannt ist, als sie eingeschätzt wurde – quantifizieren kann man das ja wahrscheinlich nicht, aber wenigstens kann man vergleichend sagen, sie ist kleiner, als man dachte –, sieht man doch insbesondere durch AIDS in der Öffentlichkeit, daß das, was passieren kann, umgekehrt aber schlimmer ist, als man frü-

her dachte. Ich weiß nicht, ob das so ist. Aber vielleicht dazu jetzt noch einmal eine Frage an Sie. Es gibt ja nicht nur die Gefahr, daß versehentlich etwas passiert, sondern manche fürchten ja auch, daß jemand das mit Absicht macht, daß er sich überlegt: Wie kann ich meinem Feind schaden oder der Menschheit schaden? Wie kann ich sie vielleicht erpressen? Manche fürchten, daß er sich dann mit viel Fachwissen so etwas ausdenkt wie ein AIDS-Virus. Das AIDS-Virus ist ja so raffiniert; darauf wären wir sicher lange nicht gekommen. Aber mit zunehmender Kenntnis könnte man ja so etwas vielleicht auch entwerfen. Davor mögen auch welche Angst haben. Ich weiß nicht, wie viele Nukleotide das AIDS-Virus hat, sagen wir einmal, 10000. Ist das die Größenordnung?
Schaffner: Ja, recht gut.
Vollmer: Das ließe sich vielleicht irgendwann ja einmal zusammenhängen, so daß man gar nicht die Absichten der normalen Gentechniker kritisch zu beleuchten braucht, um trotzdem Angst davor haben zu können.
Fischer: Darf ich vielleicht darauf antworten? Zum AIDS-Virus zwei Informationen. Zunächst einmal: Diejenigen, die immer behauptet haben, dies wäre eine Laborgeburt, ziehen das inzwischen zurück. Es hat inzwischen auch der Letzte begriffen, das AIDS kein Produkt aus dem Labor ist. Zweitens: Was trotzdem die Möglichkeit angeht, daß sich jemand eine biologische Waffe ausdenkt, da muß man insgesamt den Biologen eine sehr weiße Weste bescheinigen, denn z. B. das Abkommen über die biologischen Waffen, die biologische Waffenkonvention von 1972, ist ausschließlich auf Initiative von Biologen – ich nenne in dem Fall Matthew Meselson von der Harvard-Universität – zustande gekommen. Es sind Biologen selbst wieder gewesen, die jetzt in den USA ein Buch über die angesprochenen Gefahren publiziert haben. Es heißt »The Gene Wars«, also »Der Krieg der Gene« und ist auch auf deutsch erschienen. Darin werden alle manipulativen Möglichkeiten aufgeführt, und darin wird dafür plädiert, daß es für das Pentagon und für das Militär keine Möglichkeit gibt, Geheimforschung zu betreiben, daß das offengelegt werden muß, was vor allen Dingen bedeutet, daß die Finanzierung der Forschung nicht aus irgendwelchen geheimen Militäretats, sondern auch über die offenen Institute, NIH oder andere, laufen

muß. Da sind also die Biologen selbst hinterher. Ganz ausschließen, daß irgendwo im brasilianischen Dschungel jemand sein Labor baut, wie es jetzt in dem Roman »Das Lächeln der Eidechse« behauptet wird, kann man natürlich nicht. Aber was die Biologen unternehmen können, das tun sie auch. Ich möchte an dieser Stelle deutlich machen, daß in der Tradition der Biologen von vornherein solche Anwendungen verhindert sind, indem sie aktiv für die Offenlegung und für den Verzicht auf die Forschung der biologischen Waffen sich eingesetzt und darauf gedrängt haben.

Vollmer: Ich wollte gar nicht suggerieren, daß AIDS synthetisch war – ich kenne ja Ihren Aufsatz »Die Viren im Kopf« –, sondern ich wollte eigentlich auf die Bemerkung von Herrn Schaffner eingehen. Er sagte, er hat sich gewundert über den Verlauf der Diskussion, was da so alles ins Spiel kommt. Ich wollte vielleicht erklären, wovor die Leute Angst haben, nämlich daß sie sehen, wie groß die Gefahren sein könnten, wenn das, was bei AIDS zufällig und von selbst passiert ist, vielleicht einmal synthetisch gemacht werden könnte, also warum und wovor die Leute Angst haben, und nicht, ob die Biologen und Gentechniker ehrliche Menschen sind. Da habe ich überhaupt keinen Zweifel.

Schaffner: Ich glaube auch, das einzige, was wir machen können, ist, alles daranzusetzen, das zu verhindern, indem wir völlige Transparenz schaffen. Ich habe mich eigentlich immer dagegen gesträubt, ideologisch festgelegt zu werden. Ich bin nach Südafrika gereist für wissenschaftliche Kontakte. Ich bin in der Sowjetunion gewesen, in anderen Ostblockländern, als der Kalte Krieg noch heftig in Gang war. Das hat überhaupt nicht geheißen, daß ich mich mit diesen politischen Systemen identifiziert habe, im Gegenteil. Aber ich habe immer auch den Kontakt mit den Biologen gesucht. Ich bin vielleicht zu optimistisch. Ich bin überzeugt, daß es sehr schwierig wäre, in völliger Abgeschlossenheit neue Krankheitserreger mit gentechnischen Methoden zu züchten. Aber ganz ausschließen kann ich das nicht.

Lübbe: Ich wies gestern beiläufig in der Diskussion darauf hin, daß es ja in den letzten 30, 40 Jahren eine vollständige Ersetzung der traditionsreichen Heilsutopie durch die Schreckensutopie gegeben hat. Die Schreckensutopien realisieren sich nicht nur über Bücher, über Print-Medien, sondern sie sind auch als Filme präsent. Zu den besonders eindrucksvollen Schreckensfilmen aus der Hollywood-Produktion gehören neben vielen anderen, die immer mit neuen technischen Möglichkeiten zusammenhängen, auch die Biounfallschreckensfilme, also der Seuchenausbruch. Diese AIDS-Legende steht ja auch in demselben Kontext. Übrigens läßt sich auch hier schön die These von Herrn Bischof demonstrieren, daß die Sorge vor Freiheitseinbußen die eigentliche Wurzel der Erfindung eines solchen Mythos sind, AIDS sei ein Retortenprodukt. Es ist tatsächlich gesagt worden, das AIDS-Virus sei eine Erfindung derer, die es brauchten und in der Absicht einer Hebung der amerikanischen Volksmoral ausgesetzt haben, also mit der Wirkung der Freiheitseinschränkung derer, die gern nach einer anderen Moral leben. Herr Schaffner hat ja schon gesagt, man kann als Forscher nur darauf reagieren durch vollkommene Transparenz. Meine Frage wäre jetzt, ob neben Unfällen, auf die Sie verwiesen, mit natürlichen Viren oder sonstigen Mikroorganismen, mit Bakterien, es auch bereits Unfälle gegeben hat mit künstlichen Viren, mit künstlichen biologischen Substanzen, mit künstlichen Genen. Ich darf noch eine These anschließen, die sich wieder auf meinen Vortrag von gestern abend bezieht. Selbst wenn es solche Unfälle nicht gäbe oder nur minimaler Art, die man im Anblick der außerordentlichen Vorzüge, die mit dieser Technik verbunden sind, vernachlässigen könnte, selbst dann wird die Empfindlichkeit nicht mehr aus unserer Gesellschaft herauszunehmen sein. Das folgt nach einem einfachen Gesetz, das ich eher ökonomisch ausdrükken möchte: Je höher die Wohlfahrt ist, um so größer wird die Empfindlichkeit gegen Restrisiken. Das geht nach dem abnehmenden Grenznutzen. Auf der Höhe der bereits erreichten Wohlfahrt wird zusätzliche Wohlfahrt, auch diejenige, die wir über die Gentechnik erwerben können, immer weniger wert. Komplementär dazu wächst in demselben Maße mit der Höhe der Wohlfahrt die Empfindlichkeit gegen Restrisiken, die auch darin liegen mögen. Aber um sie sozusagen auch rhetorisch richtig vermitteln zu können, sie vielleicht auch vorweg einschätzen zu können, wüßte man dann noch gern aus der Praxis des Forschers, ob solche Unfälle mit künstlichen biologischen Substanzen im Unterschied zu den Unfällen mit den natürlichen bereits berichtet sind.

Schaffner: Mir ist kein Fall bekannt. Es wurde einmal vermutet, daß Krebserkrankungen im Institut Pasteur vielleicht durch Umgang mit rekombinanter DNA entstanden sein könnten. Ich habe eigens Experten dazu angerufen, bevor ich hierhergekommen bin. Es ist so, daß dort eine Untersuchung gemacht wird. Eine erste Untersuchung hat ergeben, daß die Mitglieder des Institutes Pasteur eine deutlich bessere Gesundheit aufweisen als der Durchschnitt der Franzosen. Das ist vielleicht nicht besonders verwunderlich. Es gibt eine Untersuchung der Krebserkrankungen, die noch nicht abgeschlossen ist. Das ist der einzige Fall, der mir bekannt geworden ist, der auf rekombinante DNS-Viren zurückzuführen sein könnte.

Fischer: Die Untersuchung ist schon einen Schritt weiter. Man hat in einigen der toten Mitarbeiter das Virusmaterial tatsächlich gefunden, und die Häufung kann nicht zufällig sein, daß es drei Krebstote sind. Nur, das Argument dagegen ist, mit diesem Virusmaterial wird in hundert anderen Laboratorien auch gearbeitet, und in denen ist es zu keinem Unfall gekommen, so daß der Verdacht existiert, daß sozusagen irgendeine Pariser Besonderheit oder Unvorsichtigkeit im Labor, die aber unabhängig ist von der DNS, die da behandelt worden ist, eine Rolle spielen muß. Geklärt ist dieses Problem nicht. Festzuhalten bleibt, daß es nicht die Häufigkeit von Krebs am Institut Pasteur ist, die auffällt, sondern die Art der Krebserkrankungen.

Dallibor: Was ich fragen wollte, Herr Schaffner, schließt an an das, was schon gesagt wurde. Die heftigsten Kritiker der Gentechnik sind ja aus ihren eigenen Reihen, aus den Reihen der Wissenschaftler selbst gekommen, wenn man z. B. an Erwin Chargaff denkt. Chargaff hat ja gesprochen vom Herumpantschen in Garagen. Was er damit meint, daß es eben gar nicht um kontrollierte Versuche in kontrollierten Labors geht, um Grundlagenforschung, sondern in der Tat, daß Gentechnik heute ja schon ein Handwerk geworden ist. Meine Frage ist: Teilen Sie seine Ansicht? Er gilt ja als so etwas wie ein einsamer Rufer in der Wüste.

Schaffner: Es ist halt immer so, es gibt keinen Bereich, wo es nicht auch Gegenargumente gibt. Ich glaube, das ist eine Eigenschaft offener Gesellschaften. Ich halte Erwin Chargaffs Argumente nicht für richtig. Ich glaube auch, ein anderer, der oft als Rufer in der Wüste porträtiert wird, Peter Duesberg in Berkeley, Kalifornien, liegt – meiner Ansicht nach – völlig falsch. Aber vielleicht würde es zu weit führen, wenn ich hier diese Argumente ausbreiten würde. Vielleicht ein Aspekt der damit angesprochen wird, ist natürlich der, die biologische Forschung ist tatsächlich im Vergleich zu der Kernenergie eine Low-tech-Forschung. Auch mit einem Budget von ein paar zehntausend Mark kann man arbeiten. Ich glaube aber, daß sich aus diesem Grunde eben im Gegensatz zu der Kernenergie, wo erstens einmal ganz klare Gefahren von Anfang an ersichtlich waren, eigentlich die Biotechnologie und auch die Grundlagenforschung dafür eher entwickeln werden wie die Mikroelektronik, die auch einfach weite Bereiche unserer täglichen Existenz durchdringt.

Thumshirn: Herr Schaffner, ist es nicht so, daß die Diskussion über die Gentechnik, über die Gefahren der Gentechnik, zweigleisig läuft und daß die Hauptdiskussion im Moment in der Sackgasse gelandet ist? Der Ausgangspunkt war ja parallel zu den Risiken der Kernenergie. Die Konferenz in Kalifornien ist ja irgendwie unter diesem Eindruck zustande gekommen. Die prozeßimmanenten Risiken der Gentechnik werden heute immer herausgestellt, die Gefährlichkeit der Insulinproduktion in irgendwelchen Bioreaktoren oder die Interferonproduktion. Dies ist aber doch nicht das eigentliche Problem – nur das vordergründig in der Diskussion stehende Problem, sicher. Aber das ist die Sackgasse. Das eigentliche Problem ist: Was wird mit gentechnischen Mitteln möglich werden? Die Anwendbarkeit dieser Methoden, das ist das, wovor die Leute Angst, Unbehagen empfinden. Pränatale Manipulation – nur um einige Stichworte zu nennen –, gentechnische Selektion von Individuen, auch pränatal. Das sind die Dinge. Das sind nicht prozeßimmanente Risiken, sondern anwendungsimmanente Risiken. Ich glaube, die Diskussion wird sich in den nächsten Jahren dahin verlagern. Sie wird sich von den prozeßimmanenten Risiken, die als Nichtrisiken oder als geringe Risiken erkannt werden,

fortbewegen auf dieses zweite Gleis. Dies wird die Diskussion der nächsten Jahre und Jahrzehnte beherrschen.
Schaffner: Das halte ich für möglich. Ich glaube, daß auch hier eben eine Gesetzgebung dafür sorgen muß, daß z. B. eine Keimbahn-Gentherapie eben nicht erlaubt wird. Ich muß vielleicht ganz kurz ausholen. Wenn es um die Gentherapie geht, also um den Ersatz von einem nicht funktionierenden Gen, einem ausgefallenen Gen, durch ein funktionierendes – z. B. werden Hämoglobinketten-Gene eingeführt, da gibt es einmal die somatische Gentherapie. Dabei werden Zellen von einem Organ herausgenommen. Das intakte Gen wird eingeschleust, und die Zellen werden wieder in den Empfänger zurückverbracht. Der Empfänger ist geheilt, wenn alles recht funktioniert. Aber die Heilung beschränkt sich auf dieses Individuum und erstreckt sich nicht auf nachfolgende Generationen. Nun ist es so, daß zumindest beim heutigen Stand der Technik, des Wissens und wahrscheinlich noch auf längere Zeit hinaus die Alternative, nämlich das Einbringen eines intakten Gens in eine befruchtete Eizelle, wo es dann in alle Körperzellen eingebaut wird und auch an die nächsten Generationen weitergegeben wird, daß dies zwar bei Mäusen möglich ist, aber die Gefahren, daß ein Gen nicht richtig eingebaut wird, daß z. B. der Einbau in ein falsches Chromosom stattfindet und das dort zu einer Nemutation führt, sind zu groß. Sie werden natürlich für Experimente mit Mäusen in Kauf genommen. Aber beim Menschen würde man dies niemals akzeptieren, so daß eine Gentherapie auf der Keimbahnebene durch Einbringen von neuen Informationen in die befruchtete Eizelle zur Zeit auf keinen Fall akzeptiert werden könnte.
Ich glaube, daß es eine Gesetzgebung braucht, um da klare Verhältnisse zu schaffen. Ich weiß noch – vielleicht ist der Vergleich nicht ganz korrekt –, als Barnard die ersten Herzen verpflanzt hat, hat meine Großmutter gesagt: Das ist ja schrecklich; jetzt kann ich überhaupt nie mehr in ein Spital gehen. Man weiß ja nie, ob man nicht einfach abgemurkst wird, weil jemand ein neues Herz braucht oder ein anderes neues Organ. Die Frankenstein-Filme haben ja auch wacker zu diesem Szenario beigetragen. Ich glaube, heute, 20 Jahre später, zeigt sich, daß diese Probleme eigentlich ganz gut gesetzgeberisch unter Kontrolle gehalten wer-

den können. Ich kenne noch die Diskussion von damals: Der technische Fortschritt ist unseren Gesetzen, unseren ethischen Vorstellungen weit voraus. Ich glaube, wir erleben jetzt etwas Ähnliches mit der Genforschung. Ich glaube auch, daß dieser andere Aspekt »Was kann man z. B. beim Menschen verändern?« die Diskussion sicher noch sehr lange in Gang halten wird. Aber ich glaube auch, daß man das durch Gesetzgebung regeln kann.

Fischer: Ein Grund auch, warum man keinen Eingriff an der befruchteten Eizelle vornimmt, ist ja, daß man natürlich der Eizelle noch gar nicht ansehen kann, ob sie überhaupt »reparaturbedürftig« ist, d. h., noch hat man nicht die diagnostischen Möglichkeiten. Aber Ihre Frage zielte ja weiter. Angenommen, man hat diese diagnostischen Möglichkeiten. Mit den neuen Techniken – der Kettenreaktion durch eine Polymerase und noch andere Feinheiten – wird man es irgendwann doch wissen. Man wird es sozusagen immer genauer wissen. Der Schleier des Unwissens wird immer höher gehoben. Man sieht sozusagen immer klarer. Das heißt, jeder Zufall kann durch Auswahl ersetzt werden. Die Frage ist dann, wie wir mit diesen Fähigkeiten oder mit dieser Macht umgehen. Das ist natürlich auch ein Thema der Diskussion.

Thumshirn: Rein theoretisch: Bei den Hämophilen könnte man durch somatische Implantation vielleicht eine Heilung erreichen. Es bleibt aber das Risiko für seine Nachkommen. Dies könnte man dann eben durch die Keimbahnimplantation vermindern, verringern oder beseitigen. Die Diagnose liefert die Natur ja selbst in manchen Fällen.

Fischer: Es wäre unsinnig, zu behaupten, daß dies nicht das ganz ferne Endziel ist, denn wenn man einen Defekt erkannt hat, will man ihn reparieren. Es ist nur die Frage, welche Experimente bei welchem Stand des Wissens oder der Technik vom Gesetzgeber zugelassen werden sollen.

Böckle: Es ist zunächst einmal richtig festgestellt worden, wenn eine solche Therapie erfolgreich möglich und sinnvoll wäre, kann ja ethisch nichts dagegen eingewandt werden. Gut. Aber jetzt kommen verschiedene Punkte. Erstens einmal ist die Diagnostik genannt worden. Sie müssen ja, um korrigieren zu können, in den Pronukleus hinein. Sie müssen ja die DNA des Pronukleus vorher untersuchen. Dann ist aber der Pronukleus kaputt. Und einen gesunden zu korrigieren hätte ja keinen großen Sinn. Sie müssen ja zuerst wissen, ob dieses Individuum krank ist, wenn Sie es korrigieren wollen. Das können Sie aber nicht ohne weiteres annehmen, denn selbst bei Homozygotie haben Sie immer ein Risiko von 50 : 50. Das ist der eigentliche Grund, weshalb auch die Humangenetiker ganz generell vorschlagen – schon längst in allen Kommissionen, in der Enquête-Kommission und jetzt wieder in der Kommission zur Erforschung des menschlichen Genoms, der ich vorsitze –, wenn überhaupt etwas in Frage kommt, dann käme bestenfalls in Frage, was Charles Weissmann vorgeschlagen hat, daß man bis ins Vierzellstadium geht, im Vierzellstadium eine Zelle wegnimmt, sie untersucht und, sofern sich eine Krankheit zeigt, nicht reimplantiert. Zeigt sich keine Krankheit, ist Gesundheit gegeben, dann kann man reimplantieren.

Das ist die Grundvorstellung, die gegenwärtig herrscht, so daß man sagt: Gentechnologische Veränderung in der Keimbahn ist aus diesen Gründen, die wohl als bleibende Gründe angesehen werden müssen, bei aller Unbegrenztheit oder Begrenztheit unseres Wissens, wahrscheinlich für immer ausgeschlossen, soweit wir es heute zu beurteilen vermögen.

Dies zur Frage der Keimbahntherapie. Jetzt waren noch ganz andere Fragen. Wenn ich darauf kurz eingehen darf. Einmal zu Chargaff selbst. Also, wenn Chargaff sagt, man hätte die Hände von der Analyse des Zellkerns lassen sollen, dann hat er ja dazu zunächst einmal allerhand beigetragen. Die ganze Sache ist ja wiederum nicht gezielt gesucht worden, sondern man hat ja die Mutation von Pneumokokkus-Typen untersucht. Bei dieser Untersuchung der Mutation von Pneumokokkus-Typen ist man auf die Desoxyribonukleinsäure gestoßen. Dann war sie eben da. Und jetzt hieße es, den menschlichen Geist zu kastrieren, wenn er nun dieses Wissen hat, dieses Wissen einfach überhaupt nicht gebrauchen zu dürfen, in gar keiner Weise, und es aus dem Denken auszulöschen. Wer kann denn so etwas Verrücktes fordern? Es war da, und die meisten Erkenntnisse gewinnt man ja gar nicht so sehr gezielt – ich will jetzt genau dies wissen –, sondern es ist Zufallswissen. Werner Arber hat mir erzählt, daß er in genau ähnlicher oder analoger Weise auf die Restriktionsenzyme gestoßen ist. Er hat keine Restriktionsenzyme gesucht, sondern er hat bei Arbeiten mit DNS in bestimmten Zellkernen festgestellt, daß sie ihm zerfallen ist unter bestimmten Gegebenheiten. Dann hat er den Rückschluß gezogen: Wahrscheinlich sind das ja Möglichkeiten, die ich nützen kann, um gezielt zu zerschneiden. Die meisten Erfolge sind ja in diesem Sinne eigentlich gar nicht gezielte Erfolge. Man kann also nicht gut verbieten wollen, irgend etwas zu finden, und damit die Forschung gewissermaßen kastrieren.

Ich glaube, ich mache deutlich, was ich meine. Das muß man sich zunächst einmal sehr klar vor Augen halten, wenn man nachher über die Sache moralisiert. Nun aber, warum ich mich eigentlich gemeldet habe, war das Problem »Determination und Freiheit«. Das spielt nun in der Tat bei uns in unserer Kommission eine enorme Rolle, und zwar zeigt sich dies ja als Problem zumal hinsichtlich des Individuums. Sind wir genetisch so fixiert, daß unsere Freiheit eingegrenzt ist? Das ist die erste Frage im Individuum aufgrund der Gene. Der alte Streit um Determination und Freiheit. Sind es die behaviouristischen Einflüsse? Sind es die Einflüsse durch die Gene? Dieser Streit zeigt sich durch die Genomanalyse auf einem völlig neuen Feld. Hubert Markl hat dies folgendermaßen zum Ausdruck gebracht. Er sagte: Noch vor vier, fünf Jahren habe ich mich als Biologe dafür einsetzen müssen, daß man doch die Bedeutung der Gene ernst nimmt gegenüber den Behaviouristen. Heute muß ich mich gegenüber den Biologisten zur Wehr setzen und sagen: Es ist nicht alles Gen, sondern die polyvalenten oder die polygenetischen Dispositonen und die damit verbundenen Mutationen – davon wurde ja vorhin auch gesprochen – sind so viel zahlreicher und die Einflüsse so viel stärker, daß wir heute wiederum sagen müssen: Wahrscheinlich sind die Ernährungs- und die Umwelteinflüsse in einem viel, viel höheren Maß daran beteiligt, gerade in der Kombination mit der genetischen Grundlage, so daß also wiederum dieses reziproke Verhältnis von Genetik und Umweltproblematik von größter Bedeutung ist.

Man meint heute, daß etwa beispielsweise das Karzinom des Dickdarms, das ja so stark zugenommen hat, etwas zu tun hat mit der Mutation eines Gens auf dem 14. Chromosom einer Darmzelle. Woher die Mutation kommt, ob eine Disposition dafür da ist oder die Mutation durch Ernährung und ähnliches begründet werden kann, ist völlig unklar. Nur der Kausalmechanismus wird hier vermutet. Aber die letzten Gründe, wieso es zu dieser Mutation und zu dieser Entwicklung kommt, wie sich hier ein Wachstumsgen ins Spiel bringt, das ist noch im unklaren. Da geht nun die Forschung sehr stark hin. Von daher ist die Frage »Determination oder Freiheit im Individuum« eigentlich in eine neue Phase der Diskussion geraten.

Was aber wirklich die Problematik von Determination und Freiheit bringt, ist vielmehr der gesellschaftliche Zwang. Je mehr Sie Möglichkeiten der Machbarkeit haben, deso mehr wird der Einsatz dieser Möglichkeiten auch erwartbar. Gerade im Bereich der pränatalen Diagnostik wird es immer wieder gesagt. Je differenzierter Sie Kenntnis und Möglichkeiten haben, zu diagnostizieren, desto mehr wird jetzt die Erwartung der Gesellschaft zu einem Druck auf das Individuum: Wenn du dich dieser Diagnostik nicht stellst, dann handelst du nicht sozial verantwortlich. Damit geraten wir unter gesellschaftliche Zwänge. Hans Jonas hat ja mit Recht deutlich herausgestellt, in welcher Weise wir unter gesellschaftlichen Zwang durch Entwicklung von Technologien geraten. Die müssen natürlich jetzt in besonderer Weise beachtet werden.

Dazu müßte ich allerdings sagen: Wenn Sie schon die pränatale Diagnostik ansprechen, so wird man doch gerechterweise sagen müssen: Pränatal diagnostiziert hat man immer. Schon die Hebamme hat mit den Fingern die Schädelgröße abgetastet, schon als ich geboren wurde. Dann kam die röntgenologische Untersuchung. Dann kam selbstverständlich der Ultraschall dazu. Wer möchte denn dies alles missen? Dann kam die Amniozentese auf der Grundlage der Chromosomenanalyse. Dies alles hat überhaupt keine öffentlichen Diskussionen ausgelöst. Bis heute laufen alle Amniozentesen immer noch auf der Basis vom chromosomalen Muster, bis auf etwa 2% vielleicht. Höchstens 2% aller Untersuchungen gehen auf die DNS-Basis zurück. Und jetzt plötzlich ist die Diskussion über die pränatale Diagnostik in aller Leute Mund.

Thumshirn: Aber selbst die chromosomale Diagnostik ist ja zur Geschlechtswahl schon mißbraucht worden.

Böckle: Ja sicher. Und dann kamen die ersten Einwendungen von seiten der Ethik. Aber die eigentliche öffentliche Debatte wird immer wieder geführt im Zusammenhang mit der Gentechnik. Ich habe jetzt in Feldkirch einen Kongreß mitgemacht mit den Elternverbänden Behinderter, den Elternverbänden der Schweiz, Österreich und Deutschlands, hauptsächlich Süddeutschlands. Sie glauben nicht, welche unwahrscheinliche Antistimmung gegen die Gentechnik dort herrscht. Die gesamte Gentechnik ist nun plötzlich schuld an dieser ganzen pränatalen Diagnostik. Ich meine nur, hier sind wir aufklärungspflichtig. Ich verkenne nicht, daß jetzt durch diese Präzision, die auf der Basis der DNS erreichbar ist, die Probleme ständig gesteigert werden und die Ansprüche auch immer höher werden. Frau Schröder-Kurt aus Heidelberg, die dort referierte, hat das in unserer Arbeitsgruppe nun auch deutlich gemacht. Wir sind daran, dies auch in unserem Bericht an das Ministerium, der veröffentlicht wird, ganz stark und deutlich herauszustellen, wo hier die Grenzen gesetzt werden müssen. Aber das wird, wenn es dann ins Rechtliche hineingeht, wenn Sie dieses ständige Spiel bei uns in der Gesellschaft zwischen Freiheit und Gleichheit sehen, d. h., auf der einen Seite darf die individuelle Freiheit nicht eingegrenzt werden durch gesetzliche Maßnahmen, andererseits fordern wird, da wo der Staat oder auch die Verantwortlichen in der Industrie Maßnahmen treffen, vollständig das Gleichheitsprinzip aller und darum keine Diskriminierung – das ist ein unwahrscheinlich schwieriges Spiel in unserer Gesellschaft, das miteinander zusammenzubringen.

Fischer: Wenn ich Sie richtig verstehe, dann kann die Gentechnik nur sozusagen populär werden, wenn sie zeigt, daß sie eigentlich gar keinen Einfluß hat, also daß die Gene weniger Einfluß haben, als man denkt.

Böckle: Nein, nein, nein. Das ist jetzt ein völlig falscher Schluß. Sondern indem wir deren positive Möglichkeiten zeigen. Sie müssen den Leuten öffentlich zeigen, daß heute überhaupt keine Möglichkeit mehr besteht, medizinische Grundlagenforschung zu betreiben ohne Gentechnik. Das ist schlicht nicht möglich.

Wie wollen Sie denn der Alzheimerschen Krankheit beikommen? Wie wollen Sie denn AIDS beikommen? Wie wollen Sie die ganzen Probleme der Zytologie lösen?

Nord: Ja, aber genau daran leidet ja die Diskussion in der Öffentlichkeit über die Akzeptanz der Gentechnik. Wir sprechen immer von den möglichen Gefahren, die auf uns zukommen, sehr abstrakt, weil keine konkreten zu sehen sind und keine beschrieben worden sind. Wir hoffen aber, daß aus der Technik, die so umstritten ist, irgendeines fernen Tages oder, noch besser, nahen Tages irgendeine für breitere Anwender sinnvolle Nutzung herauskommt. Die haben wir eben nicht. Wir haben das Risiko; wir haben die Risikodebatte; wir haben die denkbaren Risiken vor uns. Aber die greifbaren Vorteile, der Nutzen, die Bilanz, die sich der einzelne ja macht in seiner Risikoabwägung, fällt immer zu Lasten des Risikos aus, weil im breiten Erlebnis eben der Lösungsbeitrag der Gentechnik zu bestimmten, vor allem medizinischen Problemen eben nicht gesehen wird. Das, worüber wir eben sprachen, sind ja Einzelfälle, die ganz hoch aufgehängt sind in der medizinischen Wissenschaft, aber die ja nicht verfügbar werden für breite Anwendungen. Wenn es gelänge, kausal durch Gentechnik den Krebs, falls es den überhaupt gibt, zu bekämpfen oder Rheuma abzuschaffen, ich glaube, dann wäre die Diskussion um die Akzeptanz dieser Technologie auf eine ganz andere Basis gestellt und die Bilanz wieder etwas ausgeglichener. Hier sind eben die Erfolge, von denen Sie sprachen, Herr Fischer, noch nicht so greifbar da, als daß man die Risikodiskussion nun so ohne weiteres übergehen könnte.

Dallibor: Herr Schaffner, Sie haben vorhin gesagt, daß die Eingriffe in die Keimbahn wohl nie werden erlaubt werden können, und zwar aus ethischen Gründen. Habe ich das richtig verstanden?

Schaffner: Vielleicht ist nach der Diskussion von heute morgen das Wort »nie« zu streichen. Aber in absehbarer Zeit wird man keine Eingriffe dieser Art erlauben.

Dallibor: Ich wollte auf dieses Problem der Ethik noch zurückkommen. Man kann nämlich seine Zweifel haben, ob es in der Tat so etwas gibt wie eine allgemein akzeptierte Ethik in diesen Fragen, wenn Sie beispielsweise an die Embryonenforschung

denken. Embryonenforschung ist ja in der Bundesrepublik nicht zulässig nach der selbst verordneten Abstinenz der deutschen Wissenschaftler, der Max-Planck-Gesellschaft und nach einigem Zögern auch der Forschungsgemeinschaft, während Embryonenforschung rundherum in allen europäischen Ländern betrieben wird, auch in der Schweiz, auch in den skandinavischen Ländern, gerade in Schweden. Wir haben offenbar andere ethische Vorstellungen. Die Ethik ist ja auch kulturabhängig. Nun, die Frage ist aber, wenn Sie das weiter betrachten, ob dann beispielsweise Anwendungen aus bei uns nicht ethikkonformer Forschung überhaupt akzeptabel wären, z. B. In-vitro-Fertilisation, die ja eigentlich mit der Embryonenforschung sehr eng verbunden ist. Der englische Arzt Steptoe hat ja selbst gesagt, daß 300 Embryonen verbraucht worden sind. Darf man also die Ergebnisse einer solchen nach unseren Begriffen unethischen Forschung bei uns anwenden? Wenn Sie – Herr Böckle – Herrn Markl erwähnen, da habe ich meine ganz großen Probleme mit ihm. Herr Markl hat nämlich vor zwei Jahren eine Reihe von Wissenschaftsjournalisten in seinem Haus in Bonn zusammengerufen, um uns zu begründen, weswegen die Deutsche Forschungsgemeinschaft Embryonenforschung betreiben sollte. Ein Jahr später, als sich die Max-Planck-Gesellschaft dagegen ausgesprochen hat, ist er umgefallen. Das zeigt auch, daß Ethik offenbar sehr relativ ist.
Böckle: Das ist nicht so ganz richtig, was Sie sagen. Die Sache ist viel differenzierter.
Schaffner: Ich möchte auf die Bemerkung zurückkommen, die zum sozialen Druck gemacht worden ist. Das ist ja auch ein Argument, das gegen die pränatale Diagnose verwendet wird, daß nachher Eltern, die doch noch ein mißgebildetes Kind haben, einem Druck ausgesetzt sind, daß gesagt wird: Das hätte man verhindern können. Ich glaube, das ist sicher sehr schlimm. Ich möchte aber doch noch darauf hinweisen, daß das nicht ein fundamental anderer Problemkreis ist als z. B. der soziale Druck, der auf Eltern ausgeübt wird, welche eine Hasenscharte bei einem Kind einfach nicht operieren lassen, obwohl man das ja heute sehr gut machen kann und jedermann einfach erwartet, daß das gemacht wird. Ich habe in unserem Bekanntenkreis ein Kind ge-

sehen, daß die Füße einwärts gestellt hat und auch darüber gestolpert ist. Ich habe dann vielleicht auch sozialen Druck ausgeübt, indem ich eine Bemerkung gemacht habe: Kann man das nicht korrigieren? Das ist natürlich schon eine unterschwellige Aufforderung, da irgend etwas zu unternehmen. Oder nehmen Sie z. B. die falsche Zahnstellung. Als ich ein Kind war, war das völlig klar, daß man da einfach nichts gemacht hat, weil man nichts machen konnte. Zähne, die waagerecht hinausgestanden sind, wurden nicht operiert. Ich glaube, daß heute einfach mit den zunehmenden Möglichkeiten wir einerseits als selbstverständlich annehmen, daß diese Möglichkeiten auch realisiert werden. Wenn eben die Korrektur einer Zahnstellung eine schwere Operation mit Vollnarkose und unabsehbarem Infektionsrisiko ist, dann wird man eher davon absehen, als wenn man z. B. einfach das Gesicht in einen Kasten hineinhalten könnte, auf einen Kopf drückt, und schon wären die Zähne anders gestellt. Ich glaube, so ist es in vieler Beziehung, daß eben im allgemeinen etwas, was leicht zu erreichen ist und, wenn es nicht gemacht wird, als Beeinträchtigung des Glücks empfunden wird, einem sozialen Druck unterliegt.
Thumshirn: Der soziale Druck zur Korrektur der Zahnstellung richtet sich ja gegen einen lebenden Menschen. Wenn es durch pränatale Diagnostik möglich wird, in einem früheren Stadium irgendeine Krankheit zu entdecken, die zu 50 %, zu 30 % im 50. oder 60. Lebensjahr ausbrechen kann, manchmal auch im 30., und der soziale Druck gegen die Eltern so stark wird, dieses Kind nicht zur Welt zu bringen, dann richtet sich der soziale Druck ja gegen ein Ungeborenes. Das ist, glaube ich, der gravierende Unterschied zwischen der Genanalyse oder Gendiagnostik, pränatal, und der diagnostizierten Hasenscharte oder Zahnanomalie.
Schaffner: Das ist sicher ein Argument.

Welche Sicherheitsbestimmungen für die Gentechnik oder andere Verfahren auch gelten, wer handelt, muß ein Risiko tragen und verantworten können. Zu diesem Thema hören wir Günter Ropohl.
Herr Ropohl stammt aus Köln und ist Professor für Allgemeine Technologie am Institut für Polytechnik und Arbeitslehre der Universität Frankfurt. Im Vorlesungsverzeichnis ist er unter Sportwissenschaften und Arbeitslehre zu finden, er ist also ein Philosoph, der in keine Schublade einzuordnen ist. Herr Ropohl wird uns über das Problem berichten, das man als Schüler wahrscheinlich schon mitbekommt, wenn man den »Faust« liest und sich in der Stube der Mephisto zum ersten Mal zeigt. Wenn Faust fragt: Wer bist du?, antwortet der Teufel: »Ich bin ein Teil von jener Kraft, die stets das Böse will und stets das Gute schafft.« Manchmal hat man ja den Eindruck, daß die Wissenschaft ein Teil von jener Kraft ist, in der es umgekehrt zugeht. Aber darüber wollten Sie gerade sprechen. Also, was mich betrifft, so habe ich diesen Satz, mit dem sich Mephisto vorstellt, nie verstanden. Faust antwortet ja auch: Was ist mit diesem Rätselwort gemeint? Also, was ist mit diesem Rätselwort gemeint?

Günter Ropohl
Risikoverantwortung im technischen Handeln

Ich will darüber sprechen, inwieweit Risiken verantwortet werden können. In Deutschland weiß man wohl erst seit 1986, daß hochentwickelte soziotechnische Systeme eine »Risikogesellschaft« hervorrufen, um den Titel des Buches von Ulrich Beck zu nennen. In den USA freilich hat sich dies der Common sense schon lange zuvor angeeignet, und in enzyklopädischen Kompendien ist längst dokumentiert, was der kalifornische Luftwaffeningenieur Captain Ed Murphy 1949 als Grundgesetz der Technologie formuliert hat. In vorbildlich exotischer Diktion lautet Murphys Law: If anything can go wrong, it will. Zu deutsch etwa: Kann etwas schiefgehen, wird es schiefgehen. Oder, um mich meinen deutschen Kollegen gegenüber etwas verständlicher auszudrücken: Jeder theoretisch von Null verschiedene Wahrscheinlichkeitswert eines negativen Folgeereignisses tendiert empirisch gegen eins.

Wir kennen die schönen Beispiele, die Murphys Gesetz bestätigen. Sie sind zum Teil gestern und heute schon erwähnt worden, und sie sind an Namen geknüpft wie Bopal, Seveso, Tschernobyl, Basel usw., eben das, was der amerikanische Sozialwissenschaftler Charles Perrow die ganz »normalen Katastrophen« nennt. Sie erklären sich mühelos aus Murphys gesetzmäßiger Tücke des Objekts, aus der Determinierungstendenz negativ bewerteter Wahrscheinlichkeitsereignisse.

Zwanglos scheint daraus auch zu folgen, was Hans Jonas den »Vorrang der schlechten Prognose vor der guten« nennt und zur Grundlage seiner Präventionsethik im technischen Zeitalter macht. Eine entsprechende Regel würde lauten: »Unterlasse alles, was einen unannehmbaren Schaden für die Menschheit zur

Folge haben könnte, auch wenn die zu erwartende Eintrittswahrscheinlichkeit noch so gering ist!« oder, in der noch allgemeineren Fassung von W. Ch. Zimmerli: »Unterlasse alles, von dem du aufgrund deiner Folgenabschätzung nicht sicher sein kannst, ob du die erwarteten Folgen wollen kannst oder nicht!«

Nun ist freilich die Unterlassung auch eine Form des Handelns, für die Murphys Gesetz ebenfalls gilt. Jonas bedient sich daher eines Kunstgriffs, um dem Dilemma zu entgehen, das sich zwischen katastrophalen Handlungsfolgen und katastrophalen Unterlassungsfolgen auftun könnte. Er postuliert einfach, daß Unterlassungsfolgen für die Menschheit annehmbarer seien als die Folgen globalen technischen Handelns. Ich will nicht bestreiten, daß man im Einzelfall dieses Postulat durchaus vertreten kann, und im Verlauf der folgenden Ausführungen werde ich auf Beispiele zurückkommen, an denen sich leicht erkennen läßt, welche Einzelfälle ich meine. Ich bestreite jedoch energisch, daß Jonas oder Zimmerli dieses Postulat an unser aller Stelle für allgemeingültig erklären können – wie ich ebenso energisch bestreite, daß der Kerntechniker oder der Geningenieur an unserer aller Stelle das Gegenteil behaupten darf.

Für Risiken kann niemand die Verantwortung übernehmen; dafür sind allein die zuständig, die das Risiko trifft. Das ist meine These, die ich im folgenden näher zu begründen versuche. Dazu sind natürlich einige Bemerkungen zum Begriff der Verantwortung notwendig, die manchem längst geläufig sind, aber zum besseren Verständnis doch noch einmal kurz zu resümieren sind. Dann ist Ausführlicheres zum Begriff des Risikos zu sagen, damit der verantwortungsethische Diskurs mit dem Diskurs der Risikoforschung konfrontiert und verknüpft werden kann. Der sich daraus ergebende Konflikt, so wird meine Schlußfolgerung lauten, läßt sich nur auf der Ebene demokratischer Technopolitik auflösen.

Vom Begriff der Verantwortung

Der Begriff der Verantwortung stammt bekanntlich aus der Sphäre der Rechtspflege. Jemand wird zur Verantwortung gezogen für die Folgen einer Tat, die er begangen hat. Verantwortung bezieht sich auf Vergangenes, schon Geschehenes; Verantwortung im ursprünglichen Sinn ist retrospektiv. Beziehen wir das in einem Beispiel auf technisches Handeln, so wird etwa ein Bauleiter zur Verantwortung gezogen, wenn das von ihm errichtete Gebäude eindeutig dadurch eingestürzt ist, daß er minderwertiges Material verwendet hat. Verantwortung unterstellt die kausale Zurechenbarkeit einer Folge zu einer bestimmten Handlung. Die Tat ist die unbezweifelbare Ursache der inkriminierten Folge – gleichgültig, ob der Täter es subjektiv gewußt hat, ob er es subjektiv nicht wußte, aber objektiv hätte wissen können, oder ob weder Täter noch Beobachter die betreffende Folge vorhersehen konnten, die dann aber doch eindeutig aus der Tat erwachsen ist; das sind Details, die lediglich die Würdigung der Strafbarkeit betreffen. Der retrospektive Verantwortungsbegriff ist grundsätzlich deterministisch; Verantwortung bildet sich dadurch, daß eine Handlung eine bestimmte Folge determiniert.

Nun ist zu diesem retrospektiven Verantwortungsbegriff seit einiger Zeit ein prospektiver Verantwortungsbegriff hinzugetreten, der sich auf Handlungen und Handlungsfolgen bezieht, die noch nicht geschehen sind. Dieser prospektive Verantwortungsbegriff deutet sich bereits in der berühmten Skizze der Verantwortungsethik bei Max Weber an, »daß man für die (voraussehbaren) Folgen seines Handelns aufzukommen hat« und darum zukünftige Folgen, soweit sie voraussehbar sind, bereits bei der Handlungsentscheidung zu berücksichtigen hat. Daß die geforderte Voraussehbarkeit ihre Probleme in sich birgt, wollte Weber offenbar mit dem Klammerzusatz zum Ausdruck bringen, doch scheint auch er den strikten Kausalzusammenhang zwischen Handlung und Folge nicht in Frage gestellt zu haben. Hermann Lübbe hat den deterministischen Charakter dieses Verantwortungsbegriffs noch einmal in dem »trivialen« Satz präzisiert, daß »die Verantwortung von Personen und Institutionen nicht weiter reichen kann, als ihre Handlungsmacht reicht«. Veran tung also impliziert die uneingeschränkte Macht über die Handlungsfolgen, die dann ausschließlich von der betreffenden Handlung determiniert sind. Wer beispielsweise in einem Musiklokal eine Lautsprecherkonfiguration derart aufstellen und betreiben will, daß Personal und Besucher fortgesetzt einem Schallpegel von mehr als 85 Dezibel ausgesetzt sind, der übernimmt damit von vornherein die Verantwortung für die unausbleiblichen Gehörschäden der Betroffenen, da sein Handeln diese Schäden ursächlich zur Folge hat (REFA Methodenlehre 1984). Wer hingegen diese elektroakustischen Geräte herstellt, kann nicht mit Sicherheit voraussehen, daß sie in der geschilderten Weise mißbraucht werden, und ist insoweit auch nicht dafür verantwortlich – jedenfalls dann nicht, wenn er alles in seinen Kräften stehende dazu getan hat, den immerhin denkbaren Mißbrauch zu verhindern. Dieser zweite Teil des Beispiels verweist auf die Grenzen der Verantwortungsethik: Der Mißbrauch geschieht eben nur mit einer gewissen Wahrscheinlichkeit, und dann läßt sich das deterministische Handlungs- und Verantwortungskonzept, das aller herkömmlichen Folgenethik zugrunde liegt, nicht mehr ohne weiteres anwenden.

Solche probabilistischen Zusammenhänge zwischen Handlung und Handlungsfolgen kommen wohl auch in der alltäglichen Lebenswelt häufiger vor, als es jene Verantwortungsethik wahrhaben will. Auf jeden Fall aber scheinen sie im technischen Handeln eher die Regel als die Ausnahme darzustellen. Selbstverständlich muß ich an dieser Stelle auf das spektakulärste Beispiel zu sprechen kommen, die Atomenergietechnik, und die Frage aufwerfen, welche Verantwortung man dem Erbauer eines Atomkraftwerks zuschreiben kann. Wenn ich von dem Erbauer spreche – das ist anzumerken –, liegt darin natürlich eine individualistische Fiktion, denn ein Atomkraftwerk wird bekanntlich nicht von einer einzelnen Person, sondern von einem vielfach vernetzten Konsortium zahlreicher Teams und Korporationen entworfen und erstellt. Soweit die Moralphilosophie darauf besteht, daß Verantwortung nur von der Person getragen werden kann, muß die traditionelle Verantwortungsethik gegenüber korporativem und kollektivem Handeln, das in der modernen Technik überwiegt, ohnehin versagen; aber das kann ich hier nicht vertiefen. Nehmen wir also an, es gebe den individuellen Erbauer des Atomkraftwerks, so weiß dieser selbstverständlich, daß sein technisches Handeln den Tod von Tausenden von Menschen zur Folge haben kann, dann nämlich, wenn es Murphys Gesetz erfüllt und wenn die theoretisch ermittelte Störfallwahrscheinlichkeit von 0,00001 empirisch zu eins wird. Gleichwohl glaubt er, diese Gefahr guten Gewissens verantworten zu können, weil sie so extrem unwahrscheinlich ist.

Derartige Problemlagen zwingen zu einer Revision der deterministischen Ethik. Gewiß wird es auch früher schon den einen oder anderen Hinweis auf probabilistische Probleme in der Moralphilosophie gegeben haben. So hat mich M. Maring auf eine beiläufige Notiz von I. M. Bochenski aus dem Jahre 1987 aufmerksam gemacht, in der dieser zwischen deterministischen notwendigen Bedingungen und probabilistischen hinreichenden Bedingungen einer Handlungsfolge unterscheidet und Verantwortung dem zuschreibt, der mit der notwendigen Bedingung zugleich die Wahrscheinlichkeit hinreichender Bedingungen konstituiert. Vor allem aber ist es wohl das Verdienst von Hans Jonas 1979, diese Problematik mit der erforderlichen Schärfe herausgearbeitet zu haben, auch wenn ich, wie gesagt, mit seinem Lösungsvorschlag, der auf rigorosen Quietismus hinausläuft, nicht übereinstimme, weil eben auch das Nichthandeln riskant sein kann; absolute Sicherheit ist eine Illusion, die als Handlungsorientierung völlig untauglich wäre.

Die Unentscheidbarkeit der Verantwortungsfrage

Bevor ich nun einen eigenen Lösungsvorschlag vorlege, will ich zunächst versuchen, das Problem präzise zu rekonstruieren und dafür Ergebnisse der Risikoforschung und der Spieltheorie heranzuziehen. Dabei gehe ich von dem Grundaxiom aus, daß deterministische Modelle nur einen Sonderfall probabilistischer Modelle darstellen. Handlungstheoretisch gewendet, bedeutet dies, daß eine bestimmte Handlung ein bestimmtes Ergebnis mit einer gewissen Wahrscheinlichkeit herbeiführt, die grundsätzlich jeden Wert zwischen null und eins annehmen kann.

Die herkömmliche Verantwortungsethik aber befaßt sich nur mit den Sonderfällen null – die Handlungsfolge tritt unmöglich ein – und eins – die Folge tritt mit Sicherheit ein; und dann beschränkt sie sich darauf, den positiven oder negativen Wert der Folge zu kalkulieren. So folgt die recht einfache Regel für verantwortliches Handeln, Handlungen mit positiv bewerteter Folge auszuführen und Handlungen mit negativ bewerteter Folge zu unterlassen. Von gewissen praktischen Schwierigkeiten der Verrechnung abgesehen, erlaubt dieses Modell auch die Güterabwägung zwischen mehreren Folgen ein und derselben Handlung, soweit die positiven und negativen Wertbeträge plausibel zu bemessen sind.

Was aber, wenn nun positive oder negative Folgen nicht sicher, sondern nur mehr oder minder wahrscheinlich sind? Für solche Entscheidungsprobleme bei unsicheren Erwartungen gibt es den spieltheoretischen Versuch, die möglichen Folgen samt ihrer Wahrscheinlichkeit in einem theoretischen Konstrukt zu quantifizieren und damit vergleichbar zu machen. Dieses theoretische Konstrukt nennt man den Erwartungswert und definiert ihn durch das Produkt aus dem quantifizierten Ausmaß der Folge und der Wahrscheinlichkeit ihres Eintretens. Wenn ich etwa bei einem Glücksspiel 1000 DM gewinnen kann, dieser Gewinn aber nur mit einer Wahrscheinlichkeit von 0,5 zu erzielen ist, dann ergibt sich der Erwartungswert 500, indem man jene beiden Zahlen miteinander multipliziert. In diesem Beispiel betrifft der Erwartungswert eine positive Folge und heißt dann »Chance«. Geht es dagegen um negative Folgen, heißt der entsprechende Erwartungswert »Risiko«.

Wenn auch eine probabilistische Ethik sich gleichermaßen mit Risiken und Chancen befassen muß, hat sich doch die Aufmerksamkeit vor allem auf die Verantwortbarkeit von Risiken gerichtet. Das Risiko, also der negative Erwartungswert, soll als Entscheidungsgrundlage dafür dienen, welche technischen Handlungen zu verantworten sind. Man wählt bestimmte Grenzwerte, so insbesondere das natürliche Sterberisiko des einzelnen, das in jungen Jahren bei 0,0002 liegt, und postuliert, daß technische Projekte diesen Risikowert nicht überschreiten dürfen. Wenn also beispielsweise für ein Atomkraftwerk die pessimistischen Annahmen gelten würden, daß ein Störfall mit der Wahrscheinlichkeit von 0,00001 – in Fachkreisen gibt man diese Zahl mit 10^{-5} an – unmittelbar 10000 Menschenleben kosten würde, errechnete sich ein Risiko von 0,1, das erheblich höher als jener Grenzwert und daher nicht vertretbar ist; könnte man dagegen die Störfall-Wahrscheinlichkeit auf 10^{-8} bzw. 0,00000001 begrenzen, wäre das Risiko auch bei 10000 möglichen Toten dennoch zu verantworten. Angesichts der Gereiztheit, mit der um derartige Zahlenannahmen gestritten wird, muß ich anmerken, daß ich hier nur exemplarische Modellrechnungen erläutere; ich bin weit davon entfernt, mich in diesen Streit um Details einzumischen, weil mir das ganze Prinzip fragwürdig erscheint.

So hat ja auch die öffentliche Debatte über die Atomenergie gezeigt, daß der gesunde Menschenverstand dieser Mathematisierung der Verantwortung nicht zu folgen vermag; und ich behaupte: keineswegs aus Mangel an Rationalität! Dies will ich zunächst, sozusagen e contrario, mit dem Chancenkalkül beim Glücksspiel begründen.

Betrachten wir das Roulette – und sehen aus Vereinfachungsgründen vom Zero ab, das die Situation auch nur unwesentlich verändert –, dann ist der Erwartungswert immer gleich eins. Wenn ich auf Rouge oder Noir setze, gewinne ich den zweifachen Einsatz mit der Wahrscheinlichkeit 0,5, wenn ich auf eine einzelne Zahl setze, gewinne ich den 36fachen Einsatz mit der Wahrscheinlichkeit von 1/36, und wenn ich nicht spiele, behalte ich meinen Einsatz mit der Wahrscheinlichkeit eins; immer führt die Multiplikation von Gewinnhöhe und Gewinnwahrscheinlichkeit zum selben Ergebnis. Dann aber kann man den Erwartungswert nicht zum Entscheidungskriterium dafür machen, ob man spielen oder nicht spielen soll; maßgebend ist allein die Aussicht auf höheren Gewinn, und sich daran zu orientieren scheint mir nicht irrational, solange sich der Einsatz in vertretbaren Grenzen hält und keine pathologische Spielleidenschaft ausbricht.

Das gilt selbst noch dann, wenn bei anderen Glücksspielen die Erwartungswerte des Spielens und des Nichtspielens erheblich voneinander abweichen. Bei der Klassenlotterie etwa beträgt der Erwartungswert des Nichtspielens wiederum eins, während er für einen Gewinn in Höhe des hundertfachen Einsatzes, grob überschlagen, nur bei 0,01 liegt. Trotzdem kann man auch in diesem Fall die Beteiligung am Spiel für rational halten, sofern der Einsatz, verglichen mit anderen Ausgaben, nicht ins Gewicht fällt, während der hohe Gewinn trotz der geringen Wahrscheinlichkeit von weniger als 10^{-4} durchaus attraktiv ist.

Ich folgere aus diesen Erwägungen, daß der Erwartungswert eine höchst fragwürdige Rationalisierung von Unsicherheitsentscheidungen darstellt. Ich halte es für durchaus gerechtfertigt, beim Glücksspiel, unter den genannten Einschränkungen, allein die mögliche Gewinnhöhe in Betracht zu ziehen, also allgemein eine Entscheidung allein am Ausmaß der möglichen Folge und nicht an ihrer Eintrittswahrscheinlichkeit zu orientieren. Dafür spricht vor allem auch noch das schwerwiegende Argument, daß die Eintrittswahrscheinlichkeit für den Einzelfall gar keine Aussagekraft besitzt. Für die Versicherungswirtschaft – wo jener mathematische Risikobegriff entwickelt wurde – sind Erwartungswerte natürlich eine wichtige Berechnungsgrundlage, weil es da immer um eine große Anzahl von Fällen geht. Für den einzelnen hingegen besagen wahrscheinlichkeitstheoretische Kalküle überhaupt nichts; denn selbstverständlich kann die Roulette-Kugel gleich bei meinem ersten Spiel die gesetzte Zahl treffen, und selbstverständlich kann just am nächsten Samstag der Millionengewinn der Klassenlotterie auf meine Losnummer fallen. Wahrscheinlichkeiten stehen unter dem Gesetz der großen Zahl; mein Handeln und seine Folgen aber sind jeweils einmalig.

Ich wage nun den Umkehrschluß: Wenn der Erwartungswert für die Wahl von Chancen wenig praktische Überzeugungskraft besitzt, verleiht er auch der Risikoverantwortung keine zuverlässige Grundlage. Wie beim Glücksspiel die Höhe des möglichen Gewinns den Wahrscheinlichkeitskalkül in den Hintergrund drängen kann, so mag auch bei technischen Risiken der Umfang des möglichen Schadens jede Wahrscheinlichkeitserwägung verblassen lassen. Ich sage nicht, daß diese Perspektive zwingend sei; ich behaupte aber, daß sie mindestens ebenso begründbar ist wie die Orientierung an Erwartungswerten. Die Teilnahme am Glücksspiel ist wegen der Aussicht auf hohen Gewinn auch bei begrenzter Gewinnwahrscheinlichkeit rational ebenso begründbar wie die Nichtbeteiligung, sofern sich der Aufwand verspielter Einsätze in vergleichweise mäßiger Höhe hält. Und die Ablehnung eines technischen Risikos wegen der Furcht vor hohem Schaden auch bei geringer Eintrittswahrscheinlichkeit ist rational ebenso begründbar wie die Zustimmung zum Risiko, sofern sich der Nutzen der riskanten Technik in vergleichsweise mäßiger Höhe hält.

Damit aber wird die Verantwortungsfrage unentscheidbar. Etwas verantworten können heißt ja, etwas rechtfertigen können. Entgegen der Tendenz mancher Moralphilosphen, den Verantwortungsbegriff nur formal zu fassen, beruht Verantwortung immer auf einer materialen Wertbasis, die den Grund dafür gibt, warum Handlungsfolgen anzustreben oder zu vermeiden sind. »Risikoverantwortung« aber enthält mindestens zwei Bewertungsdimensionen – ich übergehe die zusätzlichen Komplikationen probabilistischer Güterabwägung –, nämlich einmal die Bewertung der möglichen Folge und zum zweiten die Beurteilung ihrer Eintrittswahrscheinlichkeit; die rechnerische Zusammenfassung beider Dimensionen zum »Risiko« ändert nichts an deren unterschiedlicher Qualität. Denn sowohl logisch wie empirisch kann die Bedeutung der beiden Dimensionen, der möglichen Schadenshöhe und der Schadenswahrscheinlichkeit, in verschiedener Weise gewichtet werden.

Selbstverständlich befürwortet der Erbauer des Atomkraftwerks keineswegs, daß 10000 Menschen dadurch sterben. Aber für ihn hat die minimale Schadenswahrscheinlichkeit das größere Gewicht: Wenn der größte anzunehmende Unfall, wie er in seiner Einschätzung des Wahrscheinlichkeitskalküls meint, praktisch kaum eintreten kann, dann braucht er sich um Menschenleben keine Sorgen zu machen. Grundsätzlich scheint mir diese Gewichtung genauso legitim wie die entgegengesetzte, die sich auf Murphy's Law beruft und daher allein auf die mögliche Schadenshöhe abstellt. Wenn aber beides verantwortlich gerechtfertigt werden kann, das technische Risiko einzugehen oder es nicht einzugehen, dann wird der Verantwortungsbegriff unter probabilistischen Bedingungen unbrauchbar. »Risikoverantwortung« kann nicht eindeutig operationalisiert werden; mithin entziehen sich Risiken der Verantwortung im traditionellen Sinn.

Die Aporie der Risikoverantwortung und ihr Ausweg

Die Frage nach der »Risikoverantwortung« scheint in eine Aporie geführt zu haben. Das Verantwortungskonzept ist nur bei solchen Folgen sinnvoll, die mit Gewißheit eintreten. Die spieltheoretische Konstruktion des Erwartungswertes, die für probabilistische Folgen angesetzt werden soll, ist für praktische Entscheidungen rational nicht zwingend. Dann aber läßt sich damit auch nicht verbindlich begründen, was verantwortet werden kann und was nicht.

Ich glaube allerdings, einen Ausweg aus der Aporie gefunden zu haben. Ich sehe diesen Ausweg in der Entindividualisierung des Problems. Es gibt da nämlich einen grundlegenden Unterschied zwischen dem Glücksspiel und dem technischen Risiko. Die Glücksspielentscheidung trifft der einzelne für sich allein, und er allein erfährt die Verluste und Gewinne; von den jeweiligen Folgen ist nur der betroffen, der die entsprechenden Chancen und Risiken in eigener Entscheidung auf sich genommen hat. Technische Risiken haben demgegenüber kollektiven Charakter, während die entsprechenden Risikoentscheidungen, bei begrenzter öffentlicher Kontrolle, im Kern doch mehr oder minder privat vollzogen werden. Privatwirtschaftlich verfaßte Unternehmen entscheiden über Risiken, von denen Millionen von Menschen betroffen sind. Und diese Betroffenen sind auch dann nicht hinreichend beteiligt, wenn die privaten Risikoentscheidungen in gewissen Grenzen von staatlichen Verwaltungsinstanzen überwacht werden. Übrigens unterliegen auch nicht die Risikoentscheidungen selbst, sondern lediglich die administrativen Regulationsweisen der Rechtsprechung. Im Fall der Gentechnik, die mit künstlich mutierten Mikroorganismen und Neuzüchtungen von Pflanzen und Tieren bislang kaum abschätzbare Risiken schafft, schreibt ein im Eilverfahren durchgepeitschtes Gesetz nicht einmal hinreichende administrative Kontrollen vor, von der Beteiligung der Betroffenen ganz zu schweigen. Ganz offensichtlich aber – und empirische Untersuchungen bestätigen das ja auch – macht es einen eklatanten Unterschied, ob Risiken freiwillig eingegangen oder von fremder Seite aufgezwungen werden.

Aus der Aporie der »Risikoverantwortung« scheint es nur einen einzigen Ausweg zu geben: jedem einzelnen ein Mitspracherecht zu geben, welchen Risiken er sich unterwerfen will. Weil »Risikoverantwortung« nicht objektiviert werden kann, weil stets beide subjektiven Akzentsetzungen, auf die Schadenswahrscheinlichkeit ebenso wie auf die mögliche Schadenshöhe, gleichermaßen legitim sind, darum kann sich niemand anmaßen, eine Risikoentscheidung unabhängig von den Betroffenen zu fällen. Jeder hat das Recht auf Glücksspiel, aber jeder hat auch das Recht, selbst darüber zu entscheiden, ob er am Spiel teilnimmt oder nicht. Mutatis mutandis hat jeder das Recht auf Risiko, aber jeder muß auch das Recht haben, selbst darüber zu entscheiden, welchen Risiken er sich unterzieht. Auf diesen Überlegungen beruht die Eingangsthese, die ich noch einmal wiederholen möchte: *Für Risiken kann niemand die Verantwortung übernehmen; dafür sind allein die zuständig, die das Risiko trifft.*

Aus dieser These leite ich folgende Postulate ab: (a) Entscheidungen über technische Risiken sind konsequenter Demokratisierung zu unterwerfen. (b) Auch wenn demokratische Mehrheiten ein bestimmtes Risiko akzeptieren, müssen sich abweichende Minderheiten vor einem solchen Risiko wirksam schützen können. (c) Bei Universalrisiken, denen sich ablehnende Minderheiten grundsätzlich nicht entziehen können, ist das Mehrheitsprinzip durch das Konsensprinzip zu ersetzen. Natürlich bedürfen diese Postulate weitergehender Begründung und sorgfältiger Differenzierung. Alle derartigen Erwägungen aber wären bloß ein moralphilosophisches Sandkastenspiel, wenn sich keine politischen Mehrheiten dafür fänden, das weltweite Spiel mit dem technischen Risiko wirklich demokratischer Kontrolle zu unterwerfen. Wäre ich ein Pessimist, ich müßte befürchten, daß Murphys Gesetz nicht nur für die Technik, sondern auch für die Politik gilt.

Diskussion

Lehner: Mir ist bei Ihrer letzten Bemerkung – es ist zwar ein bißchen makaber – eingefallen: Wollt ihr den totalen Krieg? Hier wurde doch ein kollektives Risiko durch diese Frage total transparent gemacht. Die Zustimmung war total, und das Risiko konnte nicht vermieden werden, weil alle zugestimmt haben.

Ropohl: Das ist wirklich ein makabres Beispiel. Mit Sicherheit haben nicht alle zugestimmt, mehrheitlich wohl nur die, die im Sportpalast anwesend waren, und gewiß nicht die Mehrheit der deutschen Bevölkerung. Natürlich wäre der totale Krieg ein Fall, für den mein drittes Postulat gilt. Dafür wäre der Konsens erforderlich, weil ablehnende Minderheiten vor diesem Risiko nicht zu schützen sind.

Thurau: Sie haben diese drei Kriterien genannt, die bei Risikoentscheidungen jetzt gelten müssen. Machen wir die Probe aufs Exempel. Sie haben vorhin von der Gentechnik und dem Gentechnikgesetz geredet. Was könnten Sie sich denn als ein Entscheidungsmodell über die Fragen der Gentechnik vorstellen?

Ropohl: Erstens brauchten wir eine völlig offene, transparente, öffentliche Diskussion über Entwicklungen, Anwendungen und deren mögliche Folgen. Zweitens brauchten wir eine rechtliche Grundlage dafür, daß alle Betroffenen an entsprechenden Entscheidungen beteiligt werden können. Und drittens müßten wir den Grenzfall zulassen, daß ein globales Risiko, wenn auch nur einer mit vernünftigen Gründen dagegen ist, gar nicht eingegangen werden darf. Unter den gegenwärtigen sozioökonomischen Bedingungen sind das utopische Vorstellungen, das ist mir völlig klar. Beispielsweise setzte das voraus, daß auch alle privatwirtschaftlich betriebenen Labors ihre Entwicklungspläne von Anfang an offenlegen müßten, und das werden sie gegenwärtig aus Konkurrenzgründen sicherlich nicht tun. Aber das sind Probleme, über die wir nachdenken müssen.

Lübbe: Ich möchte zu dem Vortrag von Herrn Ropohl zweierlei sagen. Erstens hat mir Ihre Schlußfolgerung auch in ihrer ganzen Ableitung mit dem Vorbehalt, den Sie ja selber gemacht haben, daß man vielleicht durch genaueres Nachdenken noch zu Variationen kommt, vollkommen eingeleuchtet. Ich halte das Resultat Ihres Vortrags für zwingend. Das ist das eine. Das andere, was ich sagen möchte, ist, daß das, was daraus folgt, also Ihre Schlußfolgerung, es bleibt nichts anderes übrig, als die Risikoakzeptanz zu demokratisieren, d.h. von den Betroffenen feststellen zu lassen, ob sie sie denn nun mehrheitlich eingehen wollen oder nicht, daß just dies nun freilich nicht in allen, aber in den allermeisten Bereichen der Technologiepolitik ja auch schon längst erfüllt ist, d.h., man muß auch den Technologieprozeß dem politischen System und dann ja wohl demjenigen, das wir haben, anvertrauen, und so geschieht es. Beispiele wären, wenn sich die Risikoakzeptanz in der Bevölkerung verändert, dann wird man schließlich in der Eidgenossenschaft sagen, ein weiteres Kernenergiewerk, durch das man den Kernenergieanteil an Elektrizitätserzeugung vielleicht von 40 auf 70 % heraufgetrieben hätte, das machen wir nun nicht mehr, nicht, weil wir sicher wären, daß eine Entscheidung für dieses weitere Kernenergiewerk unvernünftig wäre, sondern weil nun in unseren politischen Institutionen, die wir haben, wie nun schon seit zehn Jahren erwiesen, nicht mehr die Zustimmungen erzeugt werden können. So verfährt man, und so geschieht es ja in allen anderen Bereichen auch, wobei dann bei den Entscheidungsinstitutionen allerdings nicht nur die politischen Einrichtungen, die Regierung, die Parlamente, sondern auch die Gerichte beteiligt sind, d.h. das demokratische Entscheidungssystem, das wir wirklich haben – wobei man immer auch noch demokratietheoretisch ins Auge fassen muß, daß ja nicht nur Abstimmungen seitens der Betroffenen stattfinden, sondern die müssen sich auch gefallen lassen – jedenfalls im deutschen System, weniger in dem eidgenössischen –, daß sie durch ihre Repräsentanten entscheiden und nicht direkt, sondern nur indirekt. Es ist alles in bester Ordnung. Das wäre das Resultat.

Ropohl: Dieser äußerst opitimistischen Einschätzung unserer technopolitischen Lage kann ich natürlich in keiner Weise zustimmen. Wenn überhaupt gewisse Tendenzen im Sinne dieses Schlaraffenlandes, das Herr Lübbe gerade skizziert hat, inzwischen feststellbar sind, dann sind sie ja auch hart erkämpft worden von Minderheiten der letzten 20 Jahre. Aber in vielen, vielen

Bereichen gibt es zu viele Schwachstellen und zu viele Mängel bisher. Das beginnt mit der mangelnden Informationsbasis der Parlamentarier. Denke man doch an das Trauerspiel über die Einrichtung einer technologiepolitischen Beratungskapazität beim Bundestag, das seit 1973 geht und jetzt in der schlechtest möglichen und unwirksamsten Form realisiert werden soll. Dann geht es weiter mit der Frage eben der Zugänglichkeit der entsprechenden Informationen. Daß Konkurrenzwirtschaft und Transparenz von Informationen über wissenschaftlich-technische Entwicklungen einander widersprechen, hatte ich vorher schon gesagt. Ich will es noch einmal ausdrücklich betonen. Darin liegt ein ganz, ganz entscheidendes Problem. Wie sollen Politiker und wie sollen Bürger über Risiken entscheiden, wenn sie gar nicht wissen, was da in den Industrielaboratorien im Gang ist, und wenn die gesetzliche Grundlage bis heute fehlt, um da rechtzeitig zu kontrollieren? Das sind nur zwei Beispiele dafür, daß keineswegs alles in Ordnung ist. Ein drittes Beispiel wäre vielleicht noch, daß ja auch unsere Expertenkultur bisher sehr einseitig ist und daß der Sachverstand, den man natürlich zur Abschätzung von Gefahrenpotentialen und Risiken auch braucht, bis heute ja tendenziell einseitig vorhanden ist, nämlich bei denen, die Partei für die betreffende Entwicklung sind, bei den Wissenschaftlern, die sich diese neuen Möglichkeiten ausgedacht haben und natürlich dabei so engagiert sind, daß sie damit auch gerne weitermachen möchten, und selbstverständlich bei denen, die, wenn es um die Anwendung geht, sich von der Anwendung dann auch ökonomischen Vorteil versprechen. Da sitzen schwerpunktmäßig die Experten. Was wir brauchen, ist eine Kultur der kritischen Gegenexperten, wie es tendenziell hier und dort beginnt. Das müßte aber auch systematisch entwickelt werden, und es müßte zu einer Institution werden, die von all dem schlechten Geruch befreit würde, der heute manchmal den Gegenexperten zu Recht oder zu Unrecht anhaftet.

Schaffner: Wenn ich Sie recht verstanden habe, möchten Sie einer kritischen, verunsicherten Minderheit das Recht einräumen, auch einer Mehrheit, die sich z. B. nicht verunsichert fühlt, ihre Meinung sozusagen zu übertragen und sie zu zwingen, eben etwas nicht durchzuführen oder durchzuführen wegen dieses

Verunsicherungsgrades. Auf den ersten Blick ist das gut. Aber wenn ich jetzt an die biologischen Risiken denke – alles, was landläufig so passiert mit Aussetzung von Tieren, die sich dann verbreiten, mit Ausbreitung von Krankheiten inklusive AIDS –, ist es eigentlich fast immer die Verschleppung von Tieren oder von Pflanzen oder der Tourismus, welcher die biologischen Risiken in sich trägt. Wenn man das jetzt also konsequent weiterziehen würde, dürften keine Schweizer mehr ins Ausland reisen, weil ich persönlich mich verunsichert fühle durch die Viren, Bakterien und anderen Krankheitserreger, die sie wieder nach Hause bringen könnten. Man dürfte keine Leute von auswärts hereinlassen. Ich glaube, diese Gefahren, die durch diese Reisetätigkeit bestehen, sind reell. Soeben ist ein Schweizer aus Malaysia zurückgekommen, hat eine schwere Erkrankung durchgemacht, die er sich dort eingefangen hat, eine Viruserkrankung, deren Diagnose unbekannt ist. Er ist jetzt in einer psychiatrischen Verwahrung, weil er nicht mehr zurechnungsfähig ist. Wer weiß, vielleicht hat er bereits andere angesteckt? Wer weiß, was passieren kann, wenn wir Leute aus afrikanischen Großstädten, in denen nachweislich sehr viele Geschlechtskrankheiten grassieren, welche medizinisch noch nicht einmal befriedigend klassiert werden konnten, hereinlassen? Wenn wir das Beispiel von Herrn Bischof von heute morgen aufgreifen, vielleicht hat die Regierung der DDR vor allem die Sicherheit ihrer Bürger im Auge gehabt, wenn sie sie nicht herausgelassen haben. Ich finde, das Argument klingt auf den ersten Blick vernünftig. Aber ich glaube, es ist absurd. Man kann einfach jedes menschliche Zusammenleben im Grunde, wenn man das ernst nimmt, völlig unterbinden, weil die Gefahr eines Risikos besteht.

Ropohl: Da bin ich in einigen Punkten mißverstanden worden. Ich habe nur von solchen Risiken gesprochen, die durch neue Technik zusätzlich entstehen. Das ist etwas ganz anderes als natürliche Risiken, die etwa von Krankheitserregern ausgehen; ich gebe natürlich zu, daß zunehmende Reiseaktivitäten solche natürlichen Risiken vergrößern können. Aber der Hinweis auf bestehende natürliche Risiken ist doch beileibe kein Argument für die Zulässigkeit neuer, künstlich geschaffener Risiken. Das erinnert mich wieder an die Atomenergiedebatte, in der auch gesagt wurde: Ein Atomkraftwerk ist nicht gefährlicher als ein möglicher Meteoriteneinschlag, der ja auch mit der Wahrscheinlichkeit 10^{-5} genau dein Einfamilienhaus treffen kann. Auch wenn das mit dem Meteoriten wahr ist, kann das doch keine Rechtfertigung dafür sein, mit dem Atomkraftwerk ein zusätzliches Risiko zu schaffen. Das gilt selbstverständlich auch für die Gentechnik, soweit sie neue Risiken zusätzlich zu den vorhandenen schafft. Das gilt vor allem dann, wenn man über den Nutzen, der davon zu erwarten ist, streiten kann und wenn andere Wege denkbar sind, einen ähnlichen Nutzen zu erzielen. In der Energietechnik liegt ja inzwischen offen zutage, daß wir auf die Atomenergie mittelfristig verzichten können, weil wir unseren Energiebedarf auf andere, weniger riskante Art und Weise decken können. – Dann habe ich keineswegs gesagt, daß Minderheiten in Risikofragen die Mehrheit vergewaltigen sollten. Ich habe nur gesagt, daß Minderheiten, die vor einem Risiko Angst haben, davor geschützt werden müssen. Es gibt Techniken, bei denen das geht: Wem die Beteiligung am Individualverkehr zu riskant ist, der braucht ja nicht mit dem Auto zu fahren; der kann, jedenfalls in unserem Lande, auf öffentliche Verkehrsmittel ausweichen. Nur bei Atomkraftwerken geht das leider nicht; ich selbst wohne am Rande der Evakuierungszone von Philippsburg und kann ja nicht einfach mein Grundstück verlegen.

Dallibor: Sie fordern doch den Ersatz des Mehrheitsprinzips durch das Konsensprinzip. Ist denn das politisch überhaupt durchsetzbar? Fördert das nicht die Hypochondrisierung der Gesellschaft?

Ropohl: Ich habe diese letzte Möglichkeit für den Fall in Betracht gezogen, daß die Minderheiten, die ein Risiko nicht auf sich nehmen wollen, keinerlei Möglichkeit haben, diesem Risiko auszuweichen. Genau dieser Fall liegt bei der Atomenergietechnik vor. Um dieses Risiko zu vermeiden, könnte ich doch nur auf eine Südseeinsel auswandern – wenn man da nicht auch noch die Wolke erwischt...

Lehner: Da erwischt sie ihn auf jeden Fall, denn da kippen die ihren ganzen radioaktiven Müll hin. Das wissen wir ja mittlerweile.

Vollmer: Ich glaube, das war die Frage. Wenn für Tschernobyl nicht nur Sowjets, sondern auch Nachbarländer gefragt worden wären, dann hätten die natürlich gesagt: Vorteil haben wir überhaupt keinen, aber ein Risiko, wie klein auch immer; also sind wir dagegen. Aber Sie haben ja selbst gesagt, dafür gilt Ihre Betrachtung anscheinend nicht, dieses Konsensprinzip trifft für Kernkraftwerke nicht zu. Habe ich das richtig verstanden?
Ropohl: Doch, ich habe gesagt, die Atomenergietechnik ist ein Fall, für den das Konsensprinzip gelten muß. Ich habe bereits eingeräumt, daß diese Konzeption schon für die nationale Ebene utopische Elemente enthält. International wird es noch schwieriger, aber ich gebe sofort zu, daß wir letzten Endes mit den Risikoproblemen und überhaupt mit der Technikbewertung nur dann zu brauchbaren Lösungen kommen, wenn wir sie im Rahmen einer Weltinnenpolitik angehen. Davon sind wir natürlich noch weit entfernt.
Vollmer: Darf ich dann die Frage noch einmal umkehren? Nun könnte ja auch jemand prognostizieren, wenn wir dieses Kernkraftwerk nicht bauen oder überhaupt keine bauen, dann werden in 20 Jahren in unserer Gegend 50 % der Menschen im Dunkeln sitzen oder gar verhungern.
Ropohl: Dieses Argument kennen wir längst; das stand in den Public-Relations-Schriften der Energieversorgungsunternehmen.
Vollmer: Dann weiß ich wieder nicht, ob jetzt die gefragt werden oder bestimmen sollen, die für die Aktion sind, oder die, die für die Nichtaktion sind. Sie haben das ja so symmetrisiert. Ich habe jetzt sozusagen gar keinen Anhalt mehr, wie man es nun machen könnte.
Ropohl: Ich habe tatsächlich Schwierigkeiten mit dem Beispiel, weil es zu fiktiv ist, als daß ich es als Gegenargument anerkennen könnte. Bei der Energiepolitik kennen wir inzwischen Alternativen, nicht zuletzt das Energiesparen, die eingeführt werden können, ohne daß Lebensstandard und Lebensqualität sinken müßten. Da sind Horrorszenarien gänzlich unangebracht.
Böckle: Ich wollte nur etwas zu diesen Expertenkommissionen sagen, da ich ja ab und zu auch so ein bißchen dabei bin. Also meine Erfahrungen sowohl bei der Enquête-Kommission wie

auch bei der Benda-Kommission und jetzt wieder bei einer Kommission, die nächsten Montag und Dienstag tagt – da sitzen nun wirklich die Experten in dem Sinn, wie Sie sie benannt haben, nämlich als Interessenvertreter bestimmter Unternehmen oder bestimmter Organisationen, als deutliche Minderheit, erstaunlicherweise, aber es ist faktisch so, was auch enorme Schwierigkeiten bringt. Die sind ja alle benannt worden von der Basis her, d. h., es wurden die gesellschaftsrelevanten Gruppen gefragt, sie sollen irgend jemanden delegieren. Die sind ja nicht gewählt worden, z. B. vom Minister, sondern die sind von unten her delegiert worden, von ihren Organisationen, d. h. von den beiden Kirchen her oder von den Gewerkschaften her oder dann natürlich auch ein Vertreter von der Industrie. Da ist ein einziger Mann dabei. Das andere ist die Wissenschaft, und das sind äußerst kritische Persönlichkeiten. Also ich meine schon, daß in dieser Beziehung seit der neueren Debatte, besonders was die Gentechnik betrifft und die modernen Zeugungstechnologien, man hier sehr, sehr viel dazugelernt hat. Nur das wollte ich sagen. Sie haben das ja auch erwähnt, daß einiges in Bewegung geraten sei. Ich glaube, das kann man seit etwa zehn Jahren in einer deutlichen Weise feststellen.
Ropohl: Man sollte dazu noch ein besonders interessantes Beispiel erwähnen. Ein großes Pharmaunternehmen in Berlin hat sich eine eigene unabhängige Ethikkommission eingerichtet. Jedes Projekt, das dort bearbeitet wird, kommt vor die Ethikkommission. Die Geschäftsleitung hat sich von vornherein verpflichtet, sich jeder Entscheidung der Kommission zu unterwerfen. Aufgrund dessen sollen bestimmte Projekte bereits beträchtliche Änderungen erfahren haben. Das ist ein bemerkenswertes Vorbild für »Unternehmenskultur«.
Dallibor: Sie haben einen interessanten Vorschlag gemacht, nämlich eine Kultur der kritischen Gegenexperten zu schaffen. Das ist natürlich etwas problematisch. Was machen Sie denn dann mit den Experten? Die müßten Sie ja dann eigentlich abschaffen.
Ropohl: Wieso das?
Dallibor: Weil Experten ja eigentlich immer die Wahrheit sagen sollen.

Ropohl: Dazu hat Herr Vollmer heute morgen ja schon das Notwendige gesagt.
Lehner: Ich möchte noch kurz einen Einfall zum Besten geben, der mir bei Ihrem Vortrag gekommen ist, indem ich einmal den Begriff des Tabus oder der Tabuisierung einbringe, und zwar mit durchaus kreativen Folgen. Das hat mit Technikfolgenabschätzung im weitesten Sinne zu tun, die ja sehr schwierig ist, so daß also auch viele Wissenschaftler heute eher Schriftstellern vertrauen, H. G. Wells oder anderen, die irgendwelche Zukunftsszenen machen, weil die Dinge so komplex sind, daß man sie fast nur der kreativen Intelligenz eines Künstlers anvertrauen kann und nicht irgendwelchen Programmen und dergleichen, weil da eben auch diese Unwägbarkeiten und Chaotismen eine Rolle spielen. Nehmen wir also einmal ein Tabu. Nehmen wir einmal das Wasser, wie es früher war. Das Wasser darf nicht verunreinigt werden. Setzen wir das als Tabu, d. h., stellen wir uns eine Gesellschaft vor, in der dieses als quasi religiöse Aufforderung gilt, oder, negativ gesprochen, es wäre so etwas wie Gotteslästerung, wenn das Wasser verschmutzt würde. Das hätte doch zur Folge, daß, wenn diese Gesellschaft eine Technologie entwickelt, diese Technologie so geartet sein muß, daß sie immer an dem Tabu der Wasserverschmutzung vorbeimarschieren muß. Das würde bedeuten, daß ganz andere Erfindungen notwendig wären und womöglich auch gemacht würden als in einer Gesellschaft, in der man das Wasser ohne weiteres und ohne größere negative Sanktionen verschmutzen kann.
Ropohl: Wer sich, wie ich, der Philosophie der Aufklärung verpflichtet fühlt, hat es natürlich schwer, Tabus als ein strategisches Instrument der Technopolitik zu akzeptieren. Besser finde ich es schon, wenn Schäden mit rational einsichtigen Mitteln verhindert werden. Im speziellen Fall gibt es übrigens eine interessante Entwicklung in der Gesetzgebung: Aus einem früheren Tabu heraus ist von Anfang an ins Strafgesetzbuch ein Paragraph gegen die Brunnenvergiftung aufgenommen worden. Seit kurzem wird die Einleitung giftiger Abwässer in Flüsse mit dem gleichen Strafmaß geahndet wie die Brunnenvergiftung. Jedenfalls ist mir rational begründbares Recht lieber als unverstandenes Tabu.
Schaffner: Ich möchte doch noch eine Bemerkung machen zu

den biologischen Risiken. Ich glaube wirklich, daß man die Kernenergiedebatte nicht mit der Gentechnikdebatte einfach vermischen sollte. Ich habe selber erlebt, wie eben durch diese Fortschritte der Gentechnik, durch die Herstellung von rekombinanten Organismen, wo z. B. ein Stück aus einem gefährlichen Virus in eine andere Umgebung verpflanzt werden konnte, die Arbeit eine enorme Erhöhung der Sicherheit erlebt hat. Wir selber haben mit einem Bruchstück von HIV gearbeitet, mit einem kleinen Bruchstück, nur ein paar Prozent des Genoms. Ich hätte mich dagegen gesträubt, HIV in meinem Labor ins Inventar aufzunehmen und damit zu arbeiten. Eine ganze Palette von Impfstoffen gegen gefährliche Viren ist gemacht worden oder wird noch gemacht, die eben nur dank dieser neuen Sicherheit überhaupt herstellbar und applizierbar sind. Also ich sehe das nicht so, daß dabei auf einer gewissen Ebene eine zusätzliche Gefährdung eingeführt wird. Ich sehe es vielmehr so, daß in mancherlei Beziehung, auch für das medizinische Personal, eine Erhöhung der Sicherheit resultiert durch die Gentechnik.

Ropohl: Das mag in Einzelfällen durchaus sein. Ich will ja auch nicht behaupten, daß alle gentechnischen Projekte gefährlich wären. Für solche Urteile muß man einen breiten und tiefen Sachverstand haben, und den kann ich bezüglich der Gentechnik nicht für mich in Anspruch nehmen. Aber wenn es zumindest einige kritische Gegenexperten in diesem Fach gibt, die katastrophale Schäden, wenn auch bei sehr geringer Wahrscheinlichkeit, für möglich halten, dann ist das eine Sache, die doch wirklich ernst zu nehmen ist.

Fischer: Aber die Wahrscheinlichkeit, daß ohne die Gentechnik Schaden entsteht, ist viel größer. Letzte Woche ist bei einem blutgerinnungshemmenden Medikament eine Verseuchung durch AIDS-Viren bekannt geworden, die nur auftreten konnte, weil das Medikament eben aus Blutplasma und nicht gentechnisch gewonnen worden ist. Wenn es gentechnisch gewonnen wird, bleibt das Risiko wesentlich kleiner. Also das mikrobiologische oder biologische Restrisiko beim Einsatz der Gentechnik zur Gewinnung von Medikamenten ist minimal. Das ist das, was die Experten sagen, und zwar durchweg. Ich kenne keinen Biologen, der das Gegenteil behauptet. Das ist der Punkt, auf den Herr Schaffner hinweisen möchte und den ich gerne betonen möchte.

Lübbe: Herr Ropohl, ich möchte noch einmal den Satz riskieren, daß der Vernunft Ihres Vortrages die Vernunft der Verhältnisse, die wir in unserem politischen System wirklich haben, entspricht, d. h., der von Ihnen plausibel abgeleiteten Notwendigkeit, Entscheidungen für oder gegen Risiken zu kollektivieren oder zu demokratisieren, entspricht der Prozeß, den wir tatsächlich im politischen System beobachten können. Das heißt natürlich nicht, daß wir schon überall die richtigen Gremien hätten und daß das nicht verbessert werden könnte. Aber dieser Prozeß ist im Gange, d. h., Sie haben in Ihrem Vortrag zugleich auch Deskriptives geleistet, den Common sense beschrieben, der sich in unserem System schon ausgebildet hat. Dafür noch ein kleiner Beleg. Die von Ihnen geforderte Figur des Gegenexperten gibt es ja. Solche Gegenexperten sind heute des öfteren auch schon genannt worden. Herr Chargaff ist einer. Im Bereich der Datenverarbeitungstechnik wäre Herr Weizenbaum ein solcher Herr. Wir können sie noch in vielen anderen Bereichen nennen. Jetzt noch die Zusatzthese: Eine medial integrierte Gesellschaft, in der die öffentliche Meinung eine zentrale Rolle spielt, die in erster Linie über die Medien präsentiert wird, begünstigt die kritische Gegenöffentlichkeit, ja sie privilegiert sie, und sie privilegiert auch in bezug auf die Mehrheitskommunität der Wissenschaftler den kritischen Gegenexperten. Das geht nach einer ganz einfachen Regel. Die Mehrheitsmeinung der Wissenschaftler zu irgendeiner Frage ist ja eigentlich nicht sonderlich interessant. Die abweichende Meinung und insbesondere in einer Risikogesellschaft, die in bezug auf die hohen Gefahren, die wir laufen, ist immer eher berichtsfähig als das andere. Daher werden auch in wachsender Zahl Kollegen – ich will nicht sagen, verführt – aber doch veranlaßt, die so außerordentlich süße Prämie außerordentlicher Publizitätssteigerung für sich in Anspruch zu nehmen, die sie heute in der medial integrierten Gesellschaft gewinnen können. Diese süße Prämie der Publizitätssteigerung können sie gerade durch die abweichende Meinung, nicht durch die gemeine Meinung erzielen. Daher ist das System selbst schon so organisiert, daß der von Ihnen geforderte kritische Gegenexperte von selbst in wachsender Zahl auf den Schauplatz des Geschehens tritt. Das können Sie überall beobachten. Auch das ist wiederum optimistisch und vielleicht auch ein Argument für den Optimismus in kritischen Lagen. Gerade wenn die Lage sehr ernst ist, nimmt die Wahrscheinlichkeit zu, daß der Faktor, von dem abhängen wird, ob wir aus der Lage gut herauskommen oder ob wir das nicht tun, die eigene Zuversicht ist. Die Handlungskraft hängt davon ab. Deswegen gibt es gerade in sehr kritischen Lagen geradezu eine moralische Verpflichtung zur Zuversicht.

Ropohl: Solchem Zweckoptimismus möchte ich gerne zustimmen. Aber ich wundere mich schon, wenn Herr Lübbe glaubt, die Vernunft der Wirklichkeit hätte tatsächlich die Vernunft der Philosophen eingeholt.

Je später der Abend, desto bekannter die Gäste, im Sinne von Herrn Lübbe eine Art komplementäres Verhältnis. Franz Böckle hat sich durch seine Beiträge schon selbst so vorgestellt, daß ich nur ganz kurz darauf hinweise, daß er zwar ein Schweizer ist, aber aus Bonn zu uns kommt. Herr Böckle ist Professor für katholische Theologie an der dortigen Universität. Wir freuen uns sehr über Ihren Vortrag. Für mich verbindet sich im Augenblick mit der Kirche eine Art Versicherung, weil in der nächsten Woche meine Tochter konfirmiert wird und in dem Sinne eben in ihrem Glauben eine neue Sicherheit gewinnen soll. Sie soll gefestigt werden. Jetzt hoffen wir, daß das, was Herr Lübbe gestern das Vertrauen nannte, das wir brauchen, durch eine neue Ethik uns als neue Sicherheit gegeben wird.

Franz Böckle
Sicherheit aufgrund einer »Neuen Ethik«?

Das ist nicht ganz so einfach, wie Sie sich das vielleicht vorstellen, mit dem Vertrauen, denn das Vertrauen basiert ja letzten Endes denn doch auf Einsehen, auf Verstehen – nicht nur, aber wir haben heute festgestellt, daß Verstehen und Vertrauen eng miteinander verknüpft sind. Sie haben mir geschrieben, daß Sie von mir vor allem erwarten, ob möglicherweise vom religiösen Glauben her die Sicherheit in unserer Gesellschaft verstärkt werden könnte in dieser Sorge und in dieser Auseinandersetzung um Risiken der modernen Technik. Ich möchte dieser Frage nicht ausweichen. Ich will am Schluß auf sie eingehen und nicht gleich damit beginnen, sondern zunächst überhaupt fragen, ob Ethik und dann speziell ob theologische Ethik eine Antwort geben könne. Bei der Frage, ob Ethik eine Antwort geben könne, bin ich nun etwas in der Verlegenheit, daß mein Vorredner hier die Auseinandersetzung mit Hans Jonas bereits geleistet hat und sich in manchem unsere beiden Referate überschneiden, ja daß ich sogar gerne anerkenne, wie ich es bereits in der Diskussion getan habe, daß ich mit den Schlußfolgerungen, mit den Kriterien, die er nennt, theoretisch einverstanden bin. Nur frage ich mich, ob sie eine praktische Lösung bieten, und ich möchte gerade in diesem Punkt dann vielleicht einen Schritt weitergehen.

Ich möchte meinen Ausführungen folgende Struktur zugrunde legen, erstens einmal die ethische Frage, die mich interessiert, dann die Debatte, die über diese ethische Frage geführt wird, und dann eben der Versuch: Was bietet theologische Ethik in diese Lösungsvorschläge hinein?

Die ethische Frage ist für mich nicht die empirische Frage,

wieviel Risikobereitschaft faktisch für eine bestimmte Technologie vorhanden sei. Es ist auch nicht die Frage, wieviel Risikobereitschaft der einzelne für persönliche Risiken aufzubringen bereit ist, also der Delta-Flieger oder der Extremkletterer. Wir haben gestern schon davon gesprochen. Das sind Probleme eigener Art. Herr Ropohl hat das ja auch ausdrücklich gesagt, das ist nicht die Problematik, die uns hier bewegt. Für mich ist die ethische Frage die Frage der Zumutbarkeit von Risiken, gerade dann, wenn die Glieder einer Gemeinschaft, also die Bürger eines Landes, Probleme mit der Risikobereitschaft haben. Es geht also um die Frage, was den Bürgern von den Entscheidungsträgern, sei es den politischen Instanzen oder sei es den Instanzen eines Vorstandes eines Unternehmens, an Risikobereitschaft zugemutet werden darf, gerade weil sie Schwierigkeiten haben mit der Akzeptanz. Akzeptabilität meint also jenes Verhältnis von Nutzen und Belastungen auch verteilungspolitischer Art, das den Gesellschaftsgliedern unter bestimmten Bedingungen zugemutet werden darf. Dies ist die ethische Frage.

Darauf haben wir im letzten Referat eine Antwort mit drei Entscheidungskriterien erhalten, nämlich Demokratisierung des Entscheidungsprozesses, Minderheitenschutz und Konsensbildung, wobei bei der Konsensbildung bei globalen Risiken selbst der Verzicht gefordert werden muß, wenn auch nur ein einziges Glied dieser Gemeinschaft dieses globale Riskio zu akzeptieren nicht bereit ist.

Dahinter steckt eine ganz scharfe rationale Logik. Wir haben auch gehört, daß tatsächlich unsere Gesellschaft bereits Mechanismen sucht, um mindestens diesen Entscheidungskriterien Raum zu geben, sich anzunähern. Ich befürchte, daß es außerordentlich schwierig sein wird, mit diesen Risiken weiterzukommen, und zwar ist mein Problem dabei vor allem der Faktor Zeit. Bei diesem Faktor Zeit spielt nun besonders auch gerade die Bevölkerungsentwicklung eine enorme Rolle. Ich werde sie in die wichtigsten Entscheidungen miteinbeziehen, denn sie läßt uns nicht mehr sehr viel Zeit und fordert Entscheidungen, weil durch Nichthandeln mögliche Gefahren heraufbeschworen werden, die größer sind als die Folgen des Handelns. Da habe ich gewisse Schwierigkeiten mit den Entscheidungskriterien von Herrn Ropohl, nicht in der theoretischen Frage, nicht in der Questio iuris, sondern eher in der Questio facti.

Schwierigkeiten mit dem Risikobegriff

Bevor ich aber auf diesen Punkt näher eingehe, möchte ich noch kurz etwas sagen zum Risikobegriff. Wir haben bei diesem Symposion immer wieder gehört, daß der Versicherungsmathematiker die Risiken recht genau berechnen könne, eben den Risikograd, durch das Produkt aus Eintrittswahrscheinlichkeit und Schadensumfang. Er quantifiziert diese Größen. Das Leben eines Menschen kostet ihn zwei Millionen, und die Eintrittswahrscheinlichkeit ist aufgrund von Statistiken mit einer hochgradigen Genauigkeit errechenbar. Darum kann er auch kalkulieren, und darum ist auch seine Rechnung in der Regel rentabel. Ganz anders ist das bei der Technikfolgeabschätzung. Hier bietet der Risikobegriff eben erhebliche Schwierigkeiten. Manche sind schon genannt worden. Drei Schwierigkeiten will ich hier noch einmal nennen.

Es ist *zunächst* einmal die Vorhersage der Eintrittswahrscheinlichkeit. Sie muß sich bei der Vorhersage von Nebenwirkungen eines neuen Verfahrens oder Produktes, einer neuen Technik auf Risikostudien, also auf Abschätzungen, stützen. Diese können nicht annähernd eine Genauigkeit ergeben, wie sie aufgrund langjähriger statistischer Untersuchungen möglich ist. Solange man z. B. bei der Frage nach der Schädlichkeit einer geringen anthropogen bedingten Erhöhung der ohnehin vorhandenen radioaktiven Strahlung in einem bestimmten Gebiet allein auf Extrapolationen sich bezieht, wird die Wahrscheinlichkeit einer zusätzlichen Schädigung zu kontroversen Aussagen führen. Zuverlässige Erkenntnisse wären nur durch groß angelegte epidemiologische Studien mit gleichen Kohorten über längere Zeit, also nur mit Langzeitstudien, überhaupt möglich. Dies gilt nur exemplarisch. Aber man kann diese Schwierigkeit generalisieren.

Die *zweite* Schwierigkeit bei der Verwendung des Risikobegriffes liegt in der unterschiedlichen Bewertung des Schadens, nicht nur daß persönliche Risiken anders eingeschätzt werden, sondern die gleichen Menschen können sich äußerst skeptisch äußern zum Risiko von Pestiziden in der Nahrungsmittelkette, obwohl dieses Risiko für ihre Gesundheit oder gar für ihr Leben viel näher bei null liegt als etwa beispielsweise andere Risiken. Minister Töpfer hat dies die Auffangbarkeit des Schadens genannt. Diese Auffangbarkeit ist bei überschaubaren, begrenzbaren Wirkungen deutlich größer. Es hat aber auch damit zu tun, daß wir, wie Hubert Markl bemerkt, Rückstandsmengen aus arithmetischer Bequemlichkeit lieber in ganzen Zahlen als in Bruchteilen angeben, also lieber 20 ppb als 2×10^{-8}, geschweige denn 0,000002 %, denn ganze 20 von diesen unverständlichen Einheiten, das kann ja gar nicht mehr harmlos sein.

Eine *dritte* Schwierigkeit habe ich gestern schon benannt. Die enormen Unterschiede in der Einstufung der Schadensgröße werden dadurch ergänzt, daß der Sicherheitsanspruch um so größer wird, je größer das Maß der erreichten Sicherheit ist. Das hat Herr Lübbe herausgestellt. Ich brauche es hier nicht noch einmal zu wiederholen. Je höher der bereits erreichte Standard ist, desto deutlicher müssen die Chancen die Risiken überwiegen, um Akzeptanz zu erreichen.

Die öffentliche Debatte

Mit diesen Schwierigkeiten muß also der Entscheidungsträger, wenn er die Zumutbarkeit – das ist jetzt meine Überlegung – verantworten will, wenn er dafür Gründe suchen will, rechnen, so daß für ihn hier sowohl subjektive wie objektive Schwierigkeiten diese ganze Problematik außerordentlich erschweren. Sie scheinen auch die öffentliche Kontroverse zu beherrschen – der zweite Punkt, auf den ich eingehen möchte.

In der öffentlichen Risikodebatte lassen sich praktisch zwei Versuche erkennen, nämlich einmal das, was ich eine Moralisierung der Technik nennen möchte, eben die völlige Einspielung auf die alleinige Negativprognose oder die Prädominanz der Negativprognose. Es wäre sicher unrecht, wenn man bei einer Kritik an Jonas zunächst nicht einmal auch das nennen würde, was er in einmaliger Weise geleistet hat, nämlich die Verantwortung prospektiv zu öffnen auf die Zukunft hin. Auch das ist von Herrn Ropohl dargelegt worden. Jonas hat bei dieser gesamten Problematik deutlich auf die beiden Elemente der *Zwangsläufigkeit* hingewiesen, daß jede neue Technik in den Markt drängt und damit eine innere Gesetzmäßigkeit entfaltet, die schwer rückholbar ist. Gerade das bedingt, daß die zukünftigen Wirkungen einer solchen neu eingeführten Technik sehr schwer zu errechnen sind. Es ist aber nicht nur die Zwangsläufigkeit, sondern es ist bei manchen Wirkungen auch die *Irreversibilität*. Das bezieht Jonas insbesondere auf die Einbringung von neuen Informationen in Organismen, die in die Lebenslandschaft, wie er sagt, eingeschleust werden und von dort her nicht mehr zurückzuholen sind, eine Debatte, die ja im Zusammenhang mit der Freisetzung von genetisch veränderten Organismen immer wieder gestellt wird. Daß er auf diese Probleme in eindringlicher Weise hingewiesen und vor allem als Ziel der Ethik, die herausfordernde Zielvorgabe, das Überleben der Menschen in Menschlichkeit, herausgestellt hat, scheint mir ein ganz großes Verdienst zu sein. Die Schwierigkeit liegt aber darin, daß die Negativprognose kein Prinzip sein kann für eine wissenschaftliche Ehtik, die eine Handlungstheorie daraus ableiten will. Sie kann allein aufgrund der negativen Prognose, die das positive Entscheidungselement ausschließt, nicht hinreichend zum Handeln führen. Die Forderung, die er stellt, also die Falsifizierung der Hypothese als Grundprinzip, ist nicht zu erfüllen. Jonas sagt: Ich darf verantwortlich erst dann handeln, wenn die Hypothese, die Negativfolgen eines bestimmten Unternehmens seien größer als die positiven Folgen, falsifiziert ist. Diese Falsifizierungsleistung ist aber praktisch nie zu leisten, und infolgedessen kann daraus kein wirkliches Handlungsprinzip abgeleitet werden, sondern nur ein Verzichtprinzip, mehr eigentlich nicht. Das Verzichtprinzip ist – das möchte ich das Tautologische an diesem Postulat nennen – eigentlich bereits in der These selbst miteingeschlossen.

Auf der anderen Seite der Diskussion steht nicht weniger heftig die Systemtheorie. Die Systemtheoretiker möchten die Probleme rein technokratisch beherrschen. Man will sich darauf beschränken, die Industriekultur in all ihren Teilsystemen ausschließlich nach Kriterien optimaler Funktionalität zu steuern. Die unbeabsichtigten Nebenfolgen des technischen Fortschritts sollen allein durch ein Systemmanagement in den Griff genommen werden, das mit den Mitteln soziotechnischer Planung expansive Tendenzen zurückbildet und überschießende Komplexität abbaut, sagt Niclas Luhmann. Moralische Wertungen und Kontrollen gelten bei der Steuerung dieses Prozesses schlicht als gegenstandslos. »Wenn und soweit sich die funktionale Differenzierung des Formprinzips der Gesellschaft durchsetzt, wird die Moral evolutionär abgehängt« – noch einmal ein Zitat von Luhmann. Insoweit mit dieser Moral aprioristische Vorverurteilungen gemeint sind, wäre gegen eine entsprechende Entrümpelung nichts einzuwenden.

An moralischen Bekenntnissen herrscht ja heute wahrhaft kein Mangel. Man bekennt sich zur Gewaltlosigkeit, zum Verzicht auf bestimmte moderne Technologien, sei es Atomkraft, Gentechnik, zu alternativen Kulturen, zum Überleben des Menschen in Menschlichkeit usw. Die Fabrikation von Aufklebern hat sich in den Dienst dieser appellativen Moral, wie ich sie nennen möchte, gestellt. Das »Nein danke« erscheint in allen Variationen auf den Heckscheiben. Solche Bekenntnisse sind wohl ihrerseits Ausdruck des Unbehagens über ein auf bloße Machbarkeit fixiertes Denken. Sie wenden sich gegen den Glauben an eine einfache technische Lösung aller Probleme. Sie bieten freilich mit dem bloßen Protest wiederum keine Hilfe zur rationalen Risikobewältigung. Die Ethik ist nicht eine Sache des Bekenntnisses. Sie verlangt vielmehr argumentative Geduld. Die Wahrnehmung der konkreten Verantwortung ist auf dem Weg der praktischen Vernunft zu entscheiden. Das ist auch der Grund, weshalb ich hier eingesetzt habe und nicht mit der Theologie.

Ebenso klar muß nun aber auch gesagt werden, daß sich der gesellschaftliche Umgang mit den Risiken großtechnischer Systeme in einem allumfassenden Risiko-Nutzen-Entscheidungsalgorithmus nicht hinreichend fassen läßt. Eine Abwägung der Chancen und Risiken ist ohne Wertung von Zielen und die Festlegung von Prioritäten nicht möglich. Hierzu ist die Ethik gefordert, denn sie hat es mit der Vernünftigkeit wertender Entscheidungen zu tun. Technische Möglichkeiten als soziale Optionen sind immer Möglichkeiten unter normativen Bedingungen. Das funktional Richtige ist zwar integrales Teilmoment verantwortlichen Handelns. Verantwortliches Handeln erschöpft sich aber nicht in der Verwirklichung bloßer Funktionalitäten, hat doch das Handeln Konsequenzen in einem normativ geprägten gesellschaftlichen Zusammenhang. Soll diese normative Vorgabe verändert werden, dann braucht es eben entsprechende Entscheidungen.

Ich meine hier durchaus nicht eine metaphysisch festgelegte unveränderliche Vorgabe einer Ordnung, sondern eine gegebenenfalls zu verändernde. Aber sie kann nicht durch diese Algorithmusrechnung selbst verändert werden, sondern sie muß durch vorausgehende Entscheidungen verändert werden.

Die globale Dimension

Ethik hat die Wertzusammenhänge in ihrer realen Komplexität bewußt und verstehbar zu machen. So hat sie beispielsweise zu zeigen, wie die von uns allen so geschätzte Freiheit von Wissenschaft und Forschung in der Menschenwürde wurzelt. Aber ebenso wäre klarzumachen, daß die Wissenschaftsfreiheit an der gleichen Menschenwürde ihre Grenze findet. Die konkrete Reflexion muß in einem interdisziplinären Dialog mit den Vertretern der einzelnen Disziplinen in einem demokratischen Konsensprozeß gefunden werden. Soweit sind wir gleicher Meinung. Die Einheit der vielgestaltigen Welt und die bestimmende Rolle des Menschen erschließen sich aber nur einer geordneten wissenschaftlichen Zusammenschau. Dabei scheint mir nun wichtig, daß eine einseitige Orientierung an der Schadensbegrenzung eines einzelnen Verfahrens kein hinreichendes Kriterium für technologiepolitische Entscheidungen gibt.

Das ist mein Sachproblem, das ich in den demokratischen Entscheidungsprozeß einbringen will. Ich habe das aus dem letzten Satz Ihres Vortrages, Herr Ropohl, herausgehört, als Sie sagten: Wir müssen natürlich eine gewisse weltweite Diskussionsgemeinschaft finden. In der Tat: Wir müssen die Probleme weltweit, global angehen; erst dann können wir sie einer Lösung möglicherweise näherbringen. Die Ökologie hat uns ja die Augen geöffnet für die Verflechtungen, die gegenseitige Abhängigkeit der unterschiedlichsten Verfahren. Wer einen generellen Verzicht auf den intensiven Landbau fordert, muß erklären, wie man im Jahre 2020 acht bis zehn Milliarden Menschen ernähren soll. Dies ist ohne Agrikulturchemie nicht möglich.

Gemeint ist jetzt nicht einmal so sehr primär die Chemie der Pille. Ich darf das sicher hier einfügen, denn meistens hört man ja, die Stellung der katholischen Kirche zur Antikonzeption sei eine der schlimmen Voraussetzungen, die die Weltbevölkerungsexplosion fördere. So sehr ich persönlich – ich will das gar nicht verhehlen – selber das Antikonzeptionsverbot, wie es in unserer Kirche von der amtlichen Lehre vertreten wird, für nicht hinreichend begründet halte, weder offenbarungstheologisch noch vernunftsethisch – ich halte es für nicht begründet und habe das auch immer und überall und vor jedermann vertreten. Es gibt ja heute sicher eine erhebliche Zahl von Kollegen, nicht nur Kollegen, sondern selbst Bischöfe, die meiner Meinung zumindest nicht widersprechen, will ich einmal sagen. Aber in diesem Punkt muß ich sagen, das Antikonzeptionsverbot hat wohl – man könnte fast zynisch sagen, glücklicherweise – keinen Einfluß auf die Entwicklung der Weltbevölkerung, d. h. konkret der Bevölkerung in der Dritten Welt. Das ist heute sozialwissenschaftlich geklärt, daß das generative Verhalten der Bevölkerung der Dritten Welt an ihre Verhältnisse angepaßt ist und daß wir die Verhältnisse verändern müssen, so daß nur eine armutsbezogene Entwicklungspolitik überhaupt fähig ist, die Menschen zur Akzeptanz eines regulierten generativen Verhaltens zu bringen.

Ich erwähne nur ein Beispiel. Der Zusammenbruch der Landwirtschaft, der Subsistenzwirtschaft in Tansania und die kolossale Konzentration der Bevölkerung in den Slums von Daressalam hat zu einer Bevölkerungsexplosion in diesen Slums geführt, die ihresgleichen schlicht sucht, denn der in dieser Armut Lebende hat überhaupt nichts anderes als diese Freude, wenn ich das einmal so sagen darf. Es müssen also die Verhältnisse verändert werden, wenn wir diese Situation verändern wollen.

Diese Veränderung der Situation fordert eine Anstrengung der Ersten Welt, und zwar in ihrer Industrialisierung. Sie fordert ein

Höchstmaß an Energie, natürlich jetzt angepaßt, so daß die Frage »Kommen wir mit den modernen Energieentwicklungen überhaupt zurande?« realistisch in die Konsensbildung und Güterabwägung eingebracht werden muß.

Das Problem ist für mich nicht so sehr formal die Frage »Wie sind solche Konsense zu finden?«, sondern »Welche Fakten und welche Daten müssen objektiv in diese Auseinandersetzung eingebracht werden, und in welcher Weise ist eine Güterabwägung vorzunehmen?«, ohne die es keine Entscheidungen, weder in der Medizin noch in der Energietechnik, geben kann. Wahrscheinlich wird die Lösung, wie es bei der Universität zu Köln beim Symposion festgestellt worden ist, eine Risikomischung sein, indem der Versuch gemacht wird, Risiken miteinander zu verbinden, damit dann wenigstens ein gewisser Ausgleich geschaffen werden kann.

Der Beitrag der Theologie

Ich möchte nun übergehen zur Frage nach dem Beitrag der Theologie. Einerseits erwartet man in den Sorgen und Ängsten über nicht durchschaubare technische Entwicklungen mit ihren Gefahren für die menschliche Umwelt die Hilfe der Theologie. Sie soll den von Huxleys Visionen besessenen Menschen an seine geschöpflichen Grenzen erinnern. Andererseits sind die Vorwürfe noch nicht vergessen, die in den siebziger Jahren an die Adresse des Christentums lautgeworden sind. Carl Améry sprach im Anschluß an Lynn White von den gnadenlosen Folgen des Christentums. Die Zerstörung der Umwelt durch die technologische Zivilisation des Abendlandes liege nach seiner Überzeugung ganz in der Konsequenz der jüdisch-christlichen Tradition. Aus dem biblischen Schöpfungsbericht habe man eine totale Herrschaft des Menschen über die Schöpfung herausgelesen. Dieser Herrschaftsauftrag sei eben durch eine Reihe geschichtlicher Zwischenschritte mönchischer Ethik, Calvinismus, neukatholische Leistungsmoral bis zur ausbeuterischen Praxis der Gegenwart vermittelt worden.

Amérys Buch hat damals Riesenaufsehen erregt. Natürlich haben sich alle Exegeten darauf gestürzt und die Kirchenhistoriker ebenfalls, um zu zeigen, daß zunächst einmal diese Interpretation des Genesiskapitels des Alten Testaments in keiner Weise eine solche Unterdrückungstendenz in sich berge. Der wahre Sinn heiße doch »bebauen und bewahren«. Dies sei eh und je der richtige Sinn gewesen. Richtig sei, daß die Entmythologisierung der Naturwirklichkeit und ihr folgend die Erkenntnis ihrer Eigengesetzlichkeit das geschichtliche technische Denken mit vorbereitet habe.

Ich will mich auf diese historische Thesen in keiner Weise einlassen. Sicher und interessant ist es, festzustellen, daß schon sehr früh in der christlichen Geschichte, also schon im vierten christlichen Jahrhundert, die Schöpfungstheologie kaum mehr eine Rolle gespielt hat, sondern die Frage der Herrschaft des Menschen über die Natur völlig internalisiert worden ist. Das Interesse gilt nicht der Beherrschung und kulturellen Gestaltung der äußeren Natur, sondern der Beherrschung und individuellen Vervollkommnung des einzelnen in der Ein- und Unterordnung der sinnlichen Antriebe durch die Kraft des Geistes. Dies war ein deutlicher Einfluß des Platonismus.

Diese Rezeption hat eigentlich bis in die Neuzeit nachgewirkt. In diesem individualethischen Kontext kommen auch die Aufgaben in Arbeit und Beruf zur Sprache. Die außermenschliche Lebenswelt, also Pflanzen, Tiere, erscheint kaum in ihrem Eigenwert in der theologischen Tradition. Entsprechend unterbleibt auch eine spezielle Thematisierung dieses biblischen Kulturauftrages. Das kann man deutlich feststellen. Demnach müßte also heute die Theologie ihre Aufgabe vor allem darin sehen, die Eingebundenheit des Menschen in die komplexen Lebenszusammenhänge deutlich zu machen. Der bisher noch vorherrschende Anthropozentrismus, der Natur und Umwelt zu einseitig als beliebig zu gebrauchendes Objekt betrachtet, der müßte im theologischen Denken massiv abgebaut werden. Das dafür neu erwachte Bewußtsein muß gefördert werden, und eine entsprechende Grundhaltung ist zu stärken.

Der Schöpfungsglaube vermittelt allerdings keine unmittelbaren Handlungsregeln im Umgang mit der Natur. Es ist äußerst problematisch, aus der Bibel ein Verbot von Atomkraftwerken oder der Gentechnik herauslesen zu wollen. Natürlich verlangt die biblische Botschaft den Schutz des Lebens und Überlebens der Menschen, des einzelnen wie der Menschheit. Ob und wieweit das Leben und Überleben durch die Nutzung moderner Technologie gefährdet sei, das ist die entscheidende Tatsachenfrage, die mit dem Glauben nun wahrhaft nicht zu lösen ist.

Um es kurz zu sagen, die christliche Botschaft besagt keine Verfremdung des Menschen. Sie ist kein Überbau über das, was man mit dem Menschsein, mit dem Humanum, bezeichnet. Die christliche Lehre konfrontiert vielmehr den Menschen mit sich selbst, mit seinen Erfahrungen, Ängsten und Erwartungen. Sie will ihn dadurch zu einer klareren Einsicht über sich selbst führen. Sie ist also vor allem eine Anthropologie und in diesem Sinn eine Handlungstheorie, die sich an den einzelnen wendet. Soweit normative Aussagen zu gewinnen sind, sind sie auch nach langer christlicher Tradition allein Sache der praktischen Vernunft und müssen über das Medium der praktischen Vernunft gefunden werden. Die praktische Vernunft ist keine andere als die, die sich aus reflektierter Erfahrung versteht, die also Erfahrungswissen im Zusammenhang auf ein Grundverständnis vom Menschen reflektiert. Insofern schlägt sicher in der Theologie das Grundverständnis des Menschen mit in die Auseinandersetzung ein, aber – ich wiederhole mich – nicht hinsichtlich der praktischen normativen Aussagen unmittelbar, sondern in bezug auf das Verständnis des Menschen als dieses Handlungssubjekts.

Es ist klar, wenn ich den Menschen als einen auf Transzendenz Verwiesenen verstehe, wenn ich seine Freiheit als eine letzten Endes von einem transzendenten, den Menschen schlechthin übersteigenden Grund her gefordert sehe, dann werde ich etwa zum Suizidproblem, um nur ein Beispiel zu nennen, eine ganz andere Einstellung haben und damit natürlich auch zur Verfügung überhaupt über das Leben eine andere Einstellung haben, als wenn ich den Menschen als den schlechthinnigen Macher verstehe, der in vollkommener Freiheit über sich selbst, zumindest über sich selbst, aber möglicherweise, wie gewisse neuere Tendenzen der Bioethik anzudeuten scheinen, auch über andere zu verfügen berechtigt sei. Hier wird eine Grenze zu setzen sein vom

Menschenbild her. Aber ich betone und wiederhole immer wieder, vom Menschenbild her und nicht durch eine metaphysische Vorgabe oder durch ein Gotteswort, aus dem sich durch unmittelbare Ableitung göttlich sanktionierte Handlungsregeln ergeben. Für die sind wir schon selbst in unserer begrenzten Vernunft mit der begrenzten Einsicht, die uns geschenkt ist, verantwortlich, und hier müssen wir dafür auch alle Risiken tragen, selbst die Risiken, die wir dann für andere einzugehen bereit sind.

Diskussion

Fischer: Sie sprachen von dem Satz des Alten Testamentes »Macht euch die Erde untertan«. Das wurde natürlich zu einer Zeit geschrieben, als, sagen wir einmal, die Erde mächtiger war als die Menschen, die auf ihr wohnten. Heute – das ist etwas, auf das Herr Jonas auch hinweist – hat man manchmal den Eindruck, daß es die Menschen sind, die mächtiger werden und die Erde bedrohen. Daher hat natürlich diese Aussage »Macht euch die Erde untertan« einen ganz anderen Stellenwert. Wir müßten also lernen, damit genauer umzugehen. Man hört nun heute oft, oder es wird jedenfalls behauptet, wenn wir so weitermachen wie bisher, daß wir sogar in der Lage sind, Gottes Schöpfung zu zerstören. Wie würden Sie auf so einen Vorwurf reagieren? Ich persönlich ärgere mich immer darüber.
Böckle: Wolf Lepenies berichtet in einem Artikel des »Merkur«, die beiden großen Naturforscher des 18. Jahrhunderts, Carl von Linné und Georges-Louis Buffon, seien noch der Ansicht gewesen, der Mensch könne zwar verändernd in die Natur eingreifen, auf immer vernichten oder gänzlich neu schaffen könne er jedoch nicht. Diese beiden Möglichkeiten habe sich Gott vorbehalten. Damit sei der Mensch in einem ganz außerordentlichen Maße von einer Folgelast seines Handelns befreit. Wie auch immer er die Natur und seinesgleichen behandle, Gott selbst, der sich Destruktion und Kreation reserviert habe, bewahre ihn vor einer finalen Katastrophe. Man wird als Theologe zustimmen, daß der Mensch weder eine »creatio ex nihilo« noch eine »anihi-

latio« im eigentlichen Sinn zu wirken vermöge. Doch was er heute vermag, genügt zu einer finalen Katastrophe. Für den glaubenden Menschen ist die gesamte Wirklichkeit zu verstehen als eine ihm geschenkte Möglichkeit, die das Leben aller Menschen trägt, und dies in einem umfassenden ökologischen System, für das er die Verantwortung zu übernehmen hat. Aber diese Verantwortung bedeutet nichts anderes als das, was hier gestern und heute diskutiert wurde. Verantwortung heißt, diese Wirklichkeit für uns und das Überleben auch der zukünftigen Generationen zu bewahren. Dafür kann aus der Theologie ein zusätzliches Motiv gewonnen werden. Aber die Weise der Verantwortung muß auf der Basis einer vernünftigen Reflexion aus der Erfahrung gewonnen werden. Die Theologie, wenn sie sich richtig versteht, ist im strengsten Sinn eine ideologiekritische Instanz. Ideologie bedeutet immer die Verabsolutierung von etwas Kontingentem, d.h. es wird einem kontingenten Erkenntnisstand Unbedingtheit, absolute Geltung zugebilligt. Es gibt aber in der immanenten Wirklichkeit kein Absolutum. Der Theologe bekennt sich dazu, daß das einzige, was als absolut zu denken ist, Gott, welttranszendent existiert. Herr Lübbe ist erschrocken. Da sind Sie doch einverstanden, daß es keinen wissenschaftlichen Gottesbeweis gibt?
Lübbe: O ja, vollkommen einverstanden.
Böckle: Die Annahme der Existenz Gottes ist ein Sprung gläubigen Vertrauens. Es läßt sich nur die Frage stellen: Wieso beim einen dieses Urvertrauen möglich ist, während einem anderen der Weg zu einer solchen existentiellen Begründung verschlossen bleibt. Im Gewissen machen wir freilich alle die Erfahrung mit dem Unbedingten. Der Mensch wird durch das Gewissen in seiner Identität bewahrt. Er erfährt den Anspruch, unbedingt er selber zu sein, zu sich selber zu stehen, sich selber anzunehmen, sich gerade auch in seiner Begrenztheit zu bejahen. Der evangelische Theologe Ebeling spricht in diesem Zusammenhang vom Gewissen als dem anthropologischen Ort des Glaubens. Außer dieser Berührung mit der Unbedingtheit sittlicher Pflicht bleibt unsere Verantwortung menschlichem Wissen und Wagen anvertraut. Hier kann auch der Theologe kein Mehr an Sicherheit vermitteln. Das meinte ich mit dem Hinweis, daß sich

aus dem Schöpfungsglauben keine unmittelbaren Handlungsregeln ableiten lassen. Wir haben gemeinsam einen Konsens über den besten Weg zur Bewahrung der Schöpfung und einer Sicherung des Überlebens der Menschheit zu suchen. Ich kann aber jemandem zumuten, etwas zu erleiden, was er in seinem Gewissen an und für sich glauben würde tun zu müssen oder unterlassen zu müssen. Ihm kann das zugemutet werden. Nur darf er nicht gezwungen werden, gegen sein Gewissen aktiv zu handeln. Das wäre also auch noch unbedingt einzubringen in diese Diskussion um den Minderheitenschutz.

Dallibor: Wenn ich Sie richtig verstanden habe, haben Sie gesagt: Wer beispielsweise auf den intensiven Landbau verzichten will, muß auch sagen, wie wir die Bevölkerung in einigen Jahren ernähren wollen. Halten Sie dieses Junktim wirklich für notwendig? Das heißt, ich muß den Teufel in der Welt lassen, solange ich nicht weiß, was ich an Besserem an seine Stelle setzen kann.

Böckle: Das stand in meinem Referat im Zusammenhang mit dem Satz: Wir können uns nicht auf die Schadensbegrenzung eines einzelnen Problems beschränken. Wir müssen endlich die Vernetzung aller Probleme sehen. Nur wenn wir die Vernetzung aller Probleme sehen, können wir überhaupt noch zu einem Verantwortungshandeln kommen. Das habe ich mit größter Zustimmung aus einem wichtigen Satz von Herrn Ropohl verstanden, als er sagte: Wenn wir endlich einmal in eine solche globale vernetzte Betrachtungsweise kämen, würde natürlich manches in der Konsensbildung noch rationaler.

Dallibor: Das heißt aber, Sie würden doch schon akzeptieren, daß man sehr wohl Kritik äußern kann, ohne Lösungsvorschläge zu haben, selbst wenn das Ziel natürlich ein vernetztes Handeln wäre, ein globales verantwortungsbewußtes Handeln?

Böckle: Selbstverständlich will ich damit nicht bestreiten, daß es gut ist, jetzt konkret in Bonn ein Institut für alternativen Landbau einzurichten, um diese Idee zumindest zu lancieren. Aber zu glauben, man würde nun die Umweltprobleme damit lösen, ist natürlich eine totale Utopie. Das wollte ich sagen. Die Gefahr besteht in der Tat, wenn Sie die öffentliche Debatte ansehen, daß jeder seine Probleme als die wichtigsten ansieht. Der eine sieht das Risikoproblem nur mit der Gentechnik. Der andere sieht das

Problem beim Klimaeffekt. Der dritte sieht es etwas übergreifender. Ich wollte dafür plädieren, wenn wir überhaupt Risiken im Sinne der globalen Risiken – und um die ging es ja – diskutieren, dann müssen wir sie auch in ihrer Globalität sehen, und zwar nicht nur als einzelnes technisches Unterfangen, das globale Wirkungen haben könnte, sondern eben tatsächlich auch unter dem Aspekt des Verzichts: Wenn wir auf ein bestimmtes Verfahren verzichten, welche globalen Auswirkungen das haben könnte. Für mich ist das eigentlich fundamentale Problem der Zukunft der Menschheit in den nächsten 30 bis 40 Jahren die Entwicklung der Weltbevölkerung. Das ist für mich das eigentliche Risikoproblem. An das müssen wir gemeinsam heran, und von dort her müssen wir meines Erachtens auch die Probleme der Energieversorgung sehen. Das Bevölkerungsproblem ist ja nicht nur ein Ernährungsproblem, sondern es ist ja ein Raumproblem, nicht jetzt im Sinne des geographischen Wohnens, sondern Wasser, Luft, Abraum und was es alles braucht für die zehn Milliarden von Menschen.

Fischer: Ich habe einige Bedenken. Wir reden im Vortrag von Ropohl von globalem Handeln und denken an die vernetzten Systeme, die dabei eine Rolle spielen. Nun ist es gerade die Psychologie, die gezeigt hat – ich verweise auf die Arbeiten von Dietrich Dörner über »Die Logik des Mißlingens« –, daß wir das gerade nicht können, wenn wir in solche komplexen Systeme eingreifen, selbst bei bestem Willen, bei besten Absichten. Wir ruinieren immer das, an dem wir herumdrehen. Er hat dieses Beispiel mit dem fiktiven Tana-Land vorgeführt. Er hat auch gezeigt, daß im Grunde genommen die Tschernobyl-Katastrophe auf solche von den einzelnen Ingenieuren nicht mehr zu verstehende Vernetzungen zurückzuführen ist, daß sie sozusagen die Nichtlinearität und das Rückgekoppelte der Systeme nicht mehr in den Griff bekommen haben. Es ist ja gerade so, daß wir mit solchen globalen Ansprüchen, mit solchen vernetzten Systemen eben nicht mehr zurechtkommen. Die Frage ist, wie wir dann vermeiden können, was ich so mit diesem mephistophelischen Ausdruck zitiert habe, daß wir zwar das Gute wollen, aber das Böse schaffen. Also Beispiele in der Wissenschaftsgeschichte dafür, daß jemand nur etwas Gutes wollte und dann Katastrophen

geschaffen hat, gibt es genügend. Ich brauche nur an Fritz Haber zu erinnern, der nach 1900 den Hunger in Deutschland bekämpfen wollte und dabei die Produktion von Munition und damit die Verlängerung des Ersten Weltkrieges ermöglicht hat.
Ropohl: Zu dem, was Herr Dörner sagt. Er sagt, das vorherrschende Problemlösungsverhalten ist ein linear-eindimensionales, das regelmäßig bei komplexen Systemen zu Katastrophen führt. Er hat aber in seinen Experimenten festgestellt, daß es auch eine Minderheit von Versuchspersonen gibt, die schon heute, ohne daß sie systematisch dazu angeleitet worden sind, ganzheitlich und mehrdimensional an die Problemlösungen herangehen. Es hat Versuchspersonen gegeben, die dieses Tana-Land – sein Modell für ein Entwicklungsland – tatsächlich zu einer blühenden Region gemacht haben. Dörner sagt, wir müssen andere Strategien des Problemlösungsverhaltens verbreiten. Er sagt nicht, daß das unmöglich wäre.
Bischof: Darf ich dazu direkt etwas sagen? Die Sache ist noch in einer Dimension komplizierter. Mir ist vor kurzem auf einem Symposion eine andere Untersuchung bekanntgeworden, und zwar war das ein Symposion über Explorationsverhalten. Es scheint so zu sein, daß die Atomkraftkatastrophen, die bisher stattgefunden haben, auch Harrisburg, teilweise dadurch bedingt gewesen waren, daß die Leute sich nicht an tatsächlich bestehende Sicherheitsvorschriften gehalten haben, wo manches streng verboten war, sondern echte Explorativität bei ihnen durchgebrochen ist und sie gesagt haben: Probieren wir es doch einmal, das so zu machen; das müßte doch eigentlich gehen. Also genau das Element der Erregungssuche spielte anscheinend in diesem Zusammenhang eine Rolle. So wie ich die Personen kenne, die nun bei Herrn Dörner die Sachen besonders gut gelöst haben, waren das genau die Neugierigen. Das heißt, die werden zwar unter Umständen in der Lage sein, vernetzt zu denken, aber unter Umständen bringen die auch ein neues Element der Risikofreudigkeit in die Sache hinein, das dann unter Umständen überhaupt erst wieder neue Probleme schafft.
Böckle: Ich wollte noch einmal ganz kurz, weil das ja heute den ganzen Nachmittag eine Rolle gespielt hat, auf das Beispiel der Gentechnik zurückkommen und auch noch einmal mit Nach-

druck sagen, daß wohl das Problem der Kernenergie – auch der friedlichen Nutzung der Kernenergie – nicht zu vergleichen ist mit dem umfassenden Problem der modernen gentechnischen Verfahren. Sie sind einfach hinsichtlich der Wirkungen nicht vergleichbar. Wenigstens bisher ist dies unbestritten, jedenfalls in all den Kommissionen. Die Probleme, die man im Zusammenhang mit der Gentechnik sieht, stellen uns vor die Frage: Ändern die Erkenntnisse nicht das Grundverständnis vom Menschen? Ändert sich nicht von daher auch ein Bild von der Krankheit? Wird nicht ein biologistisches Menschenbild und ein biologistisches Bild auch von der Krankheit dadurch noch mehr gefördert? Wenn man einmal bedenkt, daß in der Tat mit der Analyse des Zellkerns, also der DNA, erkannt worden ist, wie grundlegend die Steuerung durch die DNA für den Aufbau der Aminosäuren und der Proteine im Plasma ist, wie das ganze Leben der Zelle auf ein neues Verständnis stößt, wie dabei die kleinste organische Einheit des Lebens völlig neu verstanden wird, wenn man dies mit der früheren Zytologie vergleicht, so hat die Gentechnik einfach das Verständnis der Medizin revolutioniert. Es gibt heute keine einzige Sparte der Medizin mehr, die nicht schon ständig molekulargenetisch arbeitet und gentechnische Verfahren nutzt. Nur so können heute ja überhaupt Forschungen und Untersuchungen betrieben werden. Damit ist in der Tat die Gentechnik bereits zu dem allgegenwärtigen Arbeitselement innerhalb der gesamten wissenschaftlichen Medizin geworden. An dieser Stelle schalten sich jetzt einige Psychosomatiker ein und sagen: Wir haben damit zwar eine verfeinerte Kausalität, die auch eine verfeinerte Kausaltherapie erlaubt, aber auf der anderen Seite sezieren wir den Menschen immer mehr und sehen nicht mehr das Ganze. Also, deren Sorge bezüglich der Konsequenzen liegt eher – so habe ich das jetzt in dieser Arbeitsgruppe erfahren – in solchen Wirkungen. Es kommen dann vor allem die sozialen Zwänge im Bereich der Diagnostik dazu, also jetzt vor allem der pränatalen Diagnostik. Die Probleme der Diagnostik beim schon geborenen Menschen werden nur immer in dieses ständige Problem der Freiheit einzuordnen sein – daß der Rechtsstaat dem einzelnen Individuum die Freiheit läßt, das Gesundheitsrisiko oder das Arbeitsplatzrisiko zu tragen. Natürlich entstehen hier schwierige Probleme. Aber Gefahren, die auch nur annähernd vergleichbar wären mit den Gefahren, die man mit der globalen Verseuchung durch Strahlung, durch einen GAU oder Super-GAU diskutiert, die werden im Bereich der Gentechnik von keinem Menschen diskutiert. Oder kennen Sie denn irgend jemanden, der da auch nur annähernd irgend etwas Ähnliches diskutiert? Ich meine jetzt auch wiederum als Anfrage an Sie, Herr Ropohl. Wer würde nun wirklich hier ein globales Risiko sehen?

Ropohl: Ich kann Ihnen keine Namen nennen. Aber wenn wir auf die Science fiction sehen – die sollten wir ja vielleicht manchmal auch hören. Natürlich ist Gentechnik insofern nicht mit Kerntechnik vergleichbar, als sie ungeheuer vielfältiger ist und die verschiedenartigsten Anwendungen – wir haben ja die Beispiele gehört – zuläßt, wovon einige absolut unproblematisch sind. Aber – und davon war doch heute morgen schon die Rede – sollte auch nur im entferntesten denkbar sein, daß per Zufall ein Krankheitserreger entsteht und aus einem Labor entweicht, der dem AIDS-Virus vergleichbar wäre, sollte das nur im entferntesten denkbar sein, dann wäre das ein Gefahrenpotential, das dem der Kernenergie durchaus vergleichbar wäre. Und daß solche Horrorvisionen von einigen Kritikern der Gentechnik geäußert werden, ist mir allerdings bekannt, ohne daß ich jetzt einen Namen nennen kann.

Fischer: Das trifft natürlich genau auf die Geschichte der Infektionskrankheiten auch zu, bzw. die Tatsache, daß es keine solchen Horrorvisionen im Anschluß daran gegeben hat, zeigt eigentlich, daß man da verläßlich arbeiten kann. Ich meine, es ist sehr ungeschickt, daß es immer wieder diese Analogie Gentechnik – Kerntechnik gibt. Es wäre viel besser, die Gentechnik sozusagen mit der Beherrschung, die wir heute über die Infektionskrankheiten nachweisen können, zu vergleichen, weil das Risiko am Anfang dasselbe war, weil die Gefahr von pathogenen Keimen, die in die Umwelt entlassen werden konnten, genauso gegeben war, und wir haben das trotzdem in gewisser Weise doch zuverlässig erreicht, ohne daß dabei große Opfer zu beklagen gewesen sind. Aber das ist nur ein Punkt. Was mich persönlich sehr stark engagiert sein läßt für die Gentechnik, ist, daß die Risiken, selbst wenn sie noch so GAUartig, Science-fiction-artig auf-

geblasen werden, immer anonym bleiben, während der Nutzen doch sehr persönlich ist, also für den Patienten, der da liegt, oder ganz konkret bei Krankheiten, die man dann behandeln kann.
Abshagen: Ich will die Aussage wagen, daß die Risiken, die wir über dreißig Jahre eingegangen sind mit der nichtgentechnischen, gezielten Selektion von Krankheitserregern durch den Mißbrauch von Antibiotika im weitesten Maße, ein Vielfaches von dem darstellen, was gentechnisch heute in vernünftigen Köpfen denkbar ist. Das müssen Sie sich einmal überlegen. Wenn Sie nur daran denken, was wir in unseren Krankenhäusern, was wir durch Verfütterung von Antibiotika in der Tierhaltung an gezieltem Selektionsdruck auf hochpathogene Erreger ausgübt haben, dann ist das um Dimensionen mehr als das, was Sie in gentechnischen Experimenten, wie sie heute in den verschiedensten Labors gemacht werden, je erwarten können. Das Risikopotential von zwei im Prinzip apathogenen oder gering pathogenen Erregern in ihrer Kombination ist, und das ist hinreichend bewiesen, per definitionem nie höher als das jedes einzelnen. Es hat allein durch die Statistik der Population sicherlich im Rahmen der Evolution schon genügned Coli-Bakterien gegeben, die beispielsweise Tetanustoxin bilden könnten. Das ist zu erwarten. Die Überlebenschancen eines solchen artifiziellen Organismus in einer Umgebung des natürlichen Wettkampfs der Systeme, wie er in der Natur herrscht, sind in aller Regel minimal. Also die Horrorvisionen, die hier in der Boulevardpresse hochgespielt werden, entbehren, wenn Sie es bei Licht besehen, wirklich einer sachlichen Begründung.

Abschlußdiskussion

Fischer: Ich nehme an, daß wir damit schon in die Schlußdiskussion eingetreten sind, die ich hiermit eröffnen möchte.
Lübbe: Es gibt eine ganze Reihe von Punkten noch, zu denen man natürlich gerne Stellung nähme. Die Interpretation der von Herrn Böckle erwähnten Studenten, die in der inzwischen ja modisch gewordenen Art sich etwas zugute halten auf ihre Angstbekundung. Ich würde eigentlich gerne eine andere Interpretation dazu geben. Die Vernunft, so könnte man sagen, ist das Medium, welches universelle Orientierung verstattet. Die Vernunft ist das, was mobil macht. Die Vernunft ist das, was das Ganze aufschließt. Wer die Vernunft betätigt, setzt sich dem Neuen und Unbekannten und Fremden aus. Wenn sie nun nicht auf Vernunft setzen, sondern auf Angst, dann ist ihnen die moderne Welt allzu voll mit Erregungspotentialen. Sie suchen Sicherheiten und protestieren gegen die Vernunft, weil sie Sicherheit und Geborgenheit suchen. Sie sind sozusagen Opfer der Erfahrung, daß dort, wo die Vernunft regiert, Traditionen eine schwindende Geltung haben und damit auch die Sicherheiten entgleiten, die man in Traditionen, die informationsarm sind, hat. Es ist eine Reaktion auf das Übermaß an Freiheit, welches die moderne Gesellschaft verstattet. Nur so kann ich mir auch das merkwürdige Phänomen erklären, daß nicht zuletzt im Studentenmilieu und partiell immer noch, wenn auch das wohl in erster Linie in Deutschland, nun das Allerreaktionärste vor zwanzig Jahren noch einmal so einen großen Boom erlebte, nämlich der Marxismus. Wieso konnte man auf diesen alten Karren springen? Das ist nur plausibel mit den Mitteln einer Marxismus-Interpretation und einer Sozialismus-Interpretation, die den Sozialismus als

eine sicherheitsorientierte Gesellschaftsordnung deutet, die mit einer Einbuße an Autonomie einhergeht. Es ist Mobilitäts-, es ist Freiheitsverweigerung, die sich darin bekundet.

Bischof: Ich würde Ihrer Interpretation der 68er Bewegung durchaus zustimmen. Nun brauchen wir ja nicht unbedingt die Studenten von Herrn Böckle zu interpretieren. Ich habe das einfach so verstanden, daß, als sie sagten »Laßt uns Angst haben!«, dahinter auch die Angstlust stand, die einen etwa beflügelt, in der Geisterbahn mitzufahren, d. h. also, im Grunde handelt es sich um ein Erregungsbedürfnis und nicht um eine Erregungsscheu.

Lübbe: Ich habe eine Frage an Herrn Bischof. Ich will sie einmal in Gestalt einer Hypothese formulieren und würde dann gerne hören, was der Empiriker dazu sagt. Die Hypothese würde lauten, daß sich, emphatisch gesprochen, die Fähigkeit der Menschen zur Freiheit, d. h. damit die Fähigkeit, sich Unsicherheit auszusetzen, man kann das auch migrationspraktisch ausdrükken, ihre Fähigkeit, mobil zu sein, im Raum sich zu verändern, die Fähigkeit auszuwandern, steigt mit dem Grad kulturell verfügbarer kompensatorischer Sicherheit. Kulturhistorisch heißt das, die auswanderungsfreudigsten und insofern die mobilsten, die emanzipationsfähigsten, die freiesten Menschen, emphatisch gesprochen, das waren immer diejenigen, die zugleich als die frömmsten erwiesen waren, also diejenigen, die sozusagen ihren Gott in der Bundeslade, aber später auch in der Gestalt der Bibel mitnehmen konnten. Es ist kulturhistorisch wirklich erwiesen, daß eine Bindung, die absolute Sicherheit verschafft und durch die man zugleich die Freiheit nicht gefährdet, die durch Freiheit nicht gefährdet werden kann, daß solch eine Bindung mehr als alles andere Mobilität fördert. Nur so kann ich mir solche Kompensationsvorgänge erklären, die wir in der modernen Welt beobachten können. Je größer die Mobilitätszumutungen beruflicher, wissenschaftlicher Art sind, je mehr wir um den Weltball herumkreisen müssen, je mehr Menschen das auch tun, je weiter die Orientierung ist, je diffuser die Information, die uns als Information über Fremdes und Unbekanntes alltäglich erreicht, um so größer werden kompensatorisch die Bemühungen zur Heimatpflege. Der Regionalismus blüht. Das ist nicht die Flucht in die Provinz, sondern das gehört genau zusammen. Die Suche nach der kleinen Geborgenheit ist die Voraussetzung dafür, jene Mobilitätsleistungen erbringen zu können, die einem in der modernen Welt zugemutet werden. Auf einen allgemeinen kulturtheoretischen, ja vielleicht auch kulturpolitischen Schluß gebracht, heißt das, diejenigen, die über alte Orientierungen kulturkonservativer Art verfügen, die also auch in den alten Tugenden erzogen worden sind und geübt sind, sind die Modernsten – genau so ist der Zusammenhang –, während diejenigen, die einmal auf die Emanzipationsschiene gesetzt haben, heute überall in die regressiven Lebensverhältnisse hereindrängen und sogar bis in die Medien hinein in der Lage waren, ein solches Ungebilde wie die DDR als einen Vorzugsstaat zu rühmen. Das bedarf ja einer Erklärung. Das ist ja so absurd, daß es einer Erklärung bedarf. Die Erklärung habe ich gerade zu geben versucht.

Bischof: Ich fange beim Anfang Ihrer Erklärung an. Ich glaube, das war der springende Punkt, die Sache mit der Bundeslade, die Wandernden mit der Bundeslade. Es gibt ein Gedicht von Bergengruen, das beginnt mit den Worten.: »Löse dich von Haus und Haft, eh der Herd verglimmt, denn zu Gottes Wanderschaft bist du vorbestimmt.« Dann geht es weiter und endet mit den Worten: »Hebe dich vom Grabenrand, geh, du bist geführt.« Das ist genau die Thematik, die Sie angesprochen haben. Ich bin überzeugt, daß die Bedeutung, die die Religion für diesen wandernden Homo erectus bekommen hat, genau auf der Linie liegt, die Sie da angedeutet haben.

Die Dynamik dieses Systems ist wirklich kompliziert. Wenn Sie es richtig verstehen, gibt es da ja zwei Dinge, die durcheinandergehen. Auf der einen Seite kann man sagen, Zuwachs an Sicherheit bedeutet, daß ich mich nun trauen kann, mehr Erregung zuzulassen. Das bedeutet, ich werde risikofreudiger, abenteuerlustiger, migranter. Das ist das eine. Das andere heißt aber, Zusatz an Sicherheit kann mich auch psychisch kastrieren, d. h., das kann genau zum Umgekehrten führen und kann dazu führen, daß ich mich das alles nicht mehr traue.

Schaffner: Es ist mir neu, aber es ist eine faszinierende Hypothese, daß gerade die besonders Frommen, die besonders Sicheren, die ihren Gott in der Bundeslade mitnehmen, auch die Migrationsfreudigsten waren. Ich glaube, das ist sicher eine Komponente. Aber es waren doch ganz sicher auch die Rowdys, die Unsteten, die Bindungsarmen, die mindestens so viel oder noch mehr zur Kolonialisierung von fernen Kontinenten wie Amerika oder Australien beigetragen haben.

Bischof: Das folgt tatsächlich auch aus der Theorie, die in Form eines kybernetischen Modells durchkonstruiert ist und in meinem Buch »Rätsel Ödipus« vorgestellt wird, mit allen Feinheiten, die auf rein verbalem Niveau nicht mitteilbar sind. Die von Ihnen angesprochene »Sowohl-als-auch-Situation« folgt aus der psychologischen Theorie der Sicherheit, und man kann angeben, unter welchen Bedingungen. Man wird sagen, sowohl diejenigen, die es fertigbekommen haben, in einer normalen Balance sich ihre Sicherheitsquelle zu introjizieren und mitzunehmen, das sollten diejenigen sein, die sich aufmachen, und die anderen sollten diejenigen sein, die aus Verwahrlosungsgründen ihren inneren Autonomieanspruch so hochpusten mußten, daß sie dann zu Konquistadoren wurden. Das sind genau die beiden Gruppen von Leuten, bei denen man das erwartet.

Lübbe: Herr Bischof charakterisiert eindrucksvoll in seinem Buch Vertrautheit durch Informationsarmut. Das Gefühl der Sicherheit entsteht durch Vertrautes, das mir ja keine neuen Informationen liefert. Da fällt einem natürlich auch sogleich eine ganze Reihe kulturgeschichtlicher, ja politikgeschichtlicher, auch ideologiegeschichtlicher Vorgänge ein, mit denen man das illustrieren, vielleicht auch belegen könnte. Ernst Robert Curtius, ein Romanist, hat von der Aufklärung gesagt, sie habe die Autorität des Buches zertrümmert. Das klingt für unsere Aufklärungsenthusiasten sehr paradox. Da wird man doch sagen: Die Aufklärung hat das Buch so hochgestellt, und die Gegenaufklärer haben es immer verbrannt. Was Curtius meinte, war ganz klar: Die Aufklärung ist das Zeitalter der Massenbuchproduktion, und gerade das bedeutet, daß die Autorität eines jeden einzelnen Buches nachläßt. Information wird im Verhältnis zu anderer, auch verfügbarer immer weniger wert, immer weniger bedeutsam. Das kann zu solcher Desorientierung führen, daß nun komplementär dazu zur Nachaufklärung, zum Zeitalter der durchgesetzten Aufklärung, Massenphänomene auch in der aka-

demischen Welt gehören, wo man nach der kulturellen und auch politischen Wiedereinsetzung des Buches von der einen ganz großen Autorität sucht.
Bischof: Und die anderen verbrennt?
Lübbe: Gegebenenfalls auch verbrennt, zumindest diffamiert und für irrelevant erklärt, wenn man die Machtmittel hat, sie auch in den Giftschrank tut und dann auch wiederum verbrennt. Das heißt, zu den Studentenrevolutionen aller Zeiten gehört die Bücherverbrennungspraxis, schon beim Wartburgfest von 1817, und die Inthronisierung von Büchern, die die Verheißung haben, daß in ihnen alles drinsteht, d. h. die Wiedereinrichtung, die Wiedereinsetzung des Buches von der ganz großen Autorität. Politisch heißt das dann, daß bei den Nazis zur Eheschließung als Bibeläquivalent »Mein Kampf« verabreicht wurde, und in der DDR gab es immer »Weltall, Erde, Mensch«. Das geht dann von der Kreidezeit, wo noch diese großen Saurier durch die Sümpfe stampften, bis zur Oktoberrevolution. Wenn Sie das lesen, dann wissen Sie alles, und mehr brauchen Sie im Grunde auch nicht zu wissen. Welche Sicherheit! Das ist doch phantastisch. Aber die Frage ist: Wie erklärt sich das unter den Bedingungen einer wissenschaftlichen Zivilisation, die uns die Verarbeitung historisch beispielloser Informationsfülle zumutet?
Und die Antwort heißt: Das ist es gerade. Ich will sagen, die wissenschaftliche Welt, die verwissenschaftlichte Zivilisation ist genau diejenige, die bis in den politischen Lebenszusammenhang als Reaktionsform jene Bewegungen produziert hat, die alle Weisheit wieder in ein einziges Buch packen und die Aufklärungswirkung – noch einmal Ernst Robert Curtius mit dem Satz »Die Aufklärung hat die Autorität des Buches zertrümmert« – rückgängig zu machen versuchen. Auch dahinter sehe ich die von Herrn Bischof angesprochene Motivationsdynamik.
Schaffner: Ich möchte etwas sagen zu dem Kommentar von Herrn Böckle über das biolgistische Verständnis der Krankheit, ob das nicht vielleicht auch eine Verarmung bietet, wenn man eine Krankheit, sagen wir, auf eine Mutation im Chromosom 14 zurückführt und sagt, die Krebsart hat mit der und der Translokation zu tun. Ich glaube, was wir ja wissen möchten, ist, wie es ist. Soweit wir das erfahren können, sollten wir alles daran set-

zen, eben diese Mutationen, Veränderungen, Translokationen aufzuklären. Ich glaube auch, daß gerade mit dem Umgang in der Gentechnik die Möglichkeit, nun auch komplexe Zusammenhänge zu verstehen, sehr groß geworden ist. Etwas, das vielleicht vor zwanzig Jahren kaum diskutiert wurde, ist der psychosomatische Effekt bei der Entstehung einer Krankheit. Man weiß ja heute, gerade weil man diese Punktmutationen und Krankheiten in Übereinstimmung bringen kann, daß es auch Wege zu dieser Punktmutation geben muß, daß es psychische Komponenten gibt, welche den Krankheitsverlauf beeinflussen. Ich glaube, wenn man einmal die Grundlagen hat, dann kann man sich eben den anderen komplexen Zusammenhängen zuwenden. Ich wäre also da nicht pessimistisch, daß es z. B. zu einer zu mechanistischen oder zu unpersönlichen Betrachtungsweise der Krankheit kommt. Ich glaube eher im Gegenteil, auch hartgesottene Molekularbiologen und Mediziner und Biochemiker sehen heute, daß das Immunsystem z. B. eindeutig beeinflußt wird durch den seelischen Zustand.

Dallibor: Sie haben gesagt, Herr Böckle, daß bei den Systemtheoretikern die rein technokratische Beherrschung im Vordergrund steht und daß moralische Wertungen dabei keine Rolle spielen. Ich möchte das ein bißchen in Zweifel ziehen, denn selbst Erbauer von Kernkraftwerken haben ja nicht die Absicht, die Leute umzubringen, wenn sie solche bauen. Das verbieten ihnen allein schon ihre kommerziellen Interessen, so daß da also die Bereitstellung der Energie oder die Energievorsorge durchaus im Vordergrund steht. Das kann man doch auch als ein ehtisches Motiv ansehen.

Böckle: Es ist völlig richtig, was Sie sagen. Das war auch nicht das, was ich in Frage stellen wollte, sondern ich habe deutlich gesagt, daß die Einführung technischer Möglichkeiten als soziale Optionen sich immer im Rahmen der normativen Bedingungen vollzieht, unter denen wir zusammenleben. Das bestreitet natürlich kein Systemtheoretiker. Nur sagt er: Dazu nehme ich natürlich diese normativen Bedingungen ein. Aber jetzt entsteht ein Streit über die normativen Bedingungen. Jetzt haben wir es zum Beispiel mit Peter Singer zu tun. Er ist australischer Bioethiker, der in der Bundesrepublik insofern etwas Sensation ausgelöst

hat, als er von den Behindertenverbänden von Marburg wieder ausgeladen worden ist. Er durfte dann nur in Dortmund und in Bochum sprechen. Seine Theorie in aller Kürze: Nicht dadurch, daß ich Glied des Genus humanum bin, kommt mir Würde zu, sondern durch den Grad des Bewußtseins, den ich als Individuum habe, kommt mir Würde zu. Das ist eine völlig andere Begründung der Menschwürde, als sie vom Bundesverfassungsgericht in der Interpretation unserer Verfassung dargelegt wird. Die Konsequenz für Singer: Eltern sollen ruhig warten, bis das Kind geboren ist. Sie können dann über das geborene Kind verfügen. Solange das Kind nämlich noch nicht zur Fülle des Bewußtseins gekommen ist, haben Eltern im Interesse des Kindes – nicht, wie es Hitler gemacht hat, im Interesse des Staates oder der Rasse – über das Schicksal des Kindes als seine Stellvertreter zu entscheiden, weil es selbst ja noch nicht zum Bewußtsein gekommen ist. Der Algorithmus, die Optimierungsrechnung, ist unfähig, darüber zu entscheiden. Das wollte ich damit sagen. Sie muß von moralischen Urteilen ausgehen. Werden moralische Eckwerte oder Grundwerte in Frage gestellt, dann ist die Ethik an der Reihe. Nur sie kann dann im Sinn eines kontrollierten Urteilsverfahrens, genau im Sinne der heutigen vormittäglichen wissenschaftstheoretischen Überlegungen, zu Aussagen weiterschreiten und diese begründet weiterentwickeln.
Abshagen: Ich wollte im Gefolge des Gesagten auch noch einen Gedanken zu den Besorgnissen der Psychosomatiker über die Auswirkungen der Gentechnik sagen. Es ist ja auch hier wieder die Frage, ob wir uns hier nicht von der Prädominanz des Negativen zu sehr beindrucken lassen, denn die zweifelsohne gewichtigen Probleme, die der Erkenntniszuwachs einer pränatalen, auch postnatalen Diagnostik beispielsweise bringt, und möglicherweise der dadurch erzeugte Druck nach dem genetisch Normalen werden auf der anderen Seite aufgewogen durch den Zuwachs an Freiheitsgraden, den wir durch Erkenntnis von Dispositionen, Lebensbedingungen und Determinanten unseres eigenen Schicksals erfahren, und durch die Gestaltung unseres eigenen Schicksals. Das heißt, wenn wir etwas wissen, eine Disposition, eine negative Disposition, eine Schwäche, eine Defizienz, dann können wir unsere Lebensbedingungen so einrich-

ten – zumindest in einigen Fällen ist das durchaus möglich –, daß wir der Gefährdung dieser Defizienzen entgehen und unser Sein als Humanum besser verwirklichen können. Das wäre also die, sagen wir einmal, positive Seite in der Balance.
Komplexe Eigenschaften wie beispielsweise Güte, Aggressivität oder derartige Dinge werden wir wohl nie genetisch aufklären können. Davon sind wir zum einen methodisch noch weit entfernt, und zum zweiten weiß noch kein Mensch, ob derartige hochkomplex integrative Leistungen überhaupt hinreichend durch eine genetische Definition erfaßbar sind. Also ich wäre da, wie Herr Lübbe vorhin sagte, grundsätzlich optimistisch und würde mich mehr der positiven Seite zurechnen, die mich eines Stücks des Ausgeliefertseins der naturalen Voraussetzungen meiner Existenz enthebt, indem ich Kenntnis erlange über Faktoren, die ich dann gestalten kann. Dem würde ich mich sehr viel mehr zuwenden als der negativen Seite.
Böckle: Ich habe heute morgen schon gesagt, je mehr und Präziseres wir über die Gene wissen, um so mehr wird uns bewußt, wie sehr die Umweltfaktoren im weitesten Sinn des Wortes, also die Freiheitsbedingungen entscheidend sind.
Lehner: Ich möchte vielleicht einmal einen Satz dazu sagen über das, was schon angesprochen wurde, die Medien und das Aufputschen der Kritik an modernen Entwicklungen der Wissenschaft. Durch viele Begegnungen mit Leuten aus Pharma- und Chemiekonzernen – es hängt auch mit der Atomkraftwerksunion zusammen – bekommt man so etwas wie eine Atmosphäre mit. Diese Atmosphäre ist vielleicht dadurch gekennzeichnet, daß die Manager, die Direktoren, auch einzelne Laborleiter, Wissenschaftler, wen immer man da kennenlernt, in dem Gefühl leben, daß sie wirklich das Beste tun, was in ihren Kräften steht, und zwar in einem ganz altruistischen Sinn, daß eben das Leben verbessert wird, daß die Zivilisation, die Forschung weiterkommt, daß die Leute ihre Krankheiten besser bekämpfen können, und was die Manager betrifft, daß Arbeitsplätze geschaffen werden und vieles mehr. Das kostet ihre ganze Energie. Nun kommt eine öffentliche Kritik daher, nimmt das alles scheinbar überhaupt nicht zur Kenntnis, dieses Positive, und fängt an, an der ganzen Geschichte herumzukritteln und nur die negativen

Seiten zu sehen und die womöglich auch noch in einer Weise hochzuspielen, die unangemessen sein mag. Ich kann das nicht im einzelnen nachvollziehen und auch nicht überprüfen. Ich denke aber, daß diese Berührungsangst hier zwischen Vertretern der Öffentlichkeit, also Journalisten wie mir, und Leuten, die in dieser großen Industrie arbeiten, vielleicht herrührt von einem nicht ganz ehrlichen und durchsichtigen Spiel, das mit dem Fortschritt betrieben wurde. Anknüpfend an den Mephisto – es gibt ja diese alte Weisheit: Wenn ich etwas bekomme, muß ich auch etwas dafür opfern. Oder meine Mutter hat immer gesagt: Keine Sache ist so gut, daß sie nicht irgendeinen Haken hat. In unserer Fortschrittseuphorie wurden eigentlich nur die positiven Dinge verkauft. Es hat uns niemand gesagt: Paß einmal auf, wenn ihr schnell mit Autos fahren wollt, dann müßt ihr halt damit rechnen, daß wir viele Straßen bauen, daß die Luft verschmutzt wird usw. Das hat man alles verdrängt. Man hat nur die positiven Dinge gesehen. Und nun kamen auf einmal auch die negativen Dinge zur Sprache. Dann hat sich manchmal eine gewisse Hysterie eingestellt. Es wurde von einer Hypochondrisierung und anderem gesprochen. Diese Dinge gibt es alle auch unter Umweltschützern. Ich meine nur, daß in bezug auf unser Thema Sicherheit eigentlich die Transparenz und, sagen wir einmal, der ehrliche Verkäufer von Fortschritt gefordert wären. Ein guter Verkäufer sagt mir nicht nur, was an dem Produkt positiv ist, sondern er sagt mir auch, was für diese positiven Seiten womöglich an negativen Dingen in Kauf genommen werden muß. Mit dieser Transparenz könnte man dann auch in der Öffentlichkeit ein bißchen besser leben.

Fischer: Genau das hat ja die Biologie getan mit der Gentechnik. Es gibt ja keine Wissenschaft, die schneller auf ihre Risiken hingewiesen hat als die Entwicklung der Gentechnik. Jetzt würde ich es gerne einmal umgekehrt sagen. Die Frage ist, ob dieses Darstellen der Risiken einer Öffentlichkeit zugemutet werden kann, denn es ist ja manchmal schwierig, sozusagen ein Risiko zu tragen, die Verantwortung in irgendeiner Form dafür zu übernehmen. Dieses offene Spiel um die Gentechnik ist insofern vielleicht gefährlich, weil es einige Wissenschaftler geben kann, die sagen: Wenn ich, um ein Experiment zu machen, fünfzehn Gre-

mien durchlaufen muß, dann mache ich es lieber gleich im Geheimen. In den USA ist das schon offen diskutiert worden. Z. B. der Versuch, Gentherapie zu machen, mußte fünfzehn oder sechzehn Kommissionen passieren. Es mußte immer einstimmig entschieden werden. Als die sechzehnte einstimmig entschieden hatte für dieses Experiment, meldete sich Jeremy Rifkin und sagte: Die Öffentlichkeit war nicht genug beteiligt. Er hat dann versucht, das Experiment aufzuhalten. Da ist den Ärzten in Washington der Kragen geplatzt. Ich meine, das muß man auch verstehen. Wenn schon die Wissenschaft – und im Falle der Gentechnik ist das ganz offensichtlich so – eine öffentliche Veranstaltung ist, die offen zutage gelegt wird – da wird nicht in irgendwelchen Laboratorien Geheimforschung betrieben –, dann muß die Öffentlichkeit auch ihre Verantwortung begreifen, daß sie dann nicht einfach nur böse Bilder an die Wand werfen darf und verlangt, daß das sofort erst einmal gestoppt wird oder so. Wenn die Wissenschaft an die Öffentlichkeit geht, übernimmt auch die Öffentlichkeit – und damit sind die Medien gemeint – eine gewisse Verantwortung für den Fortschritt. Das ist so ein Punkt, den ich im Rahmen der Gentechnikdebatte immer etwas bedaure, daß die Wissenschaftler eher entmutigt werden, an die Öffentlichkeit zu gehen, durch das, was man von ihnen fordert. Wir reden dauernd von Transparenz, von Demokratisierung, von Entscheidungen. Aber die Frage ist auch, ob das wirklich von der Öffentlichkeit ausgchalten werden kann.
Böckle: Das habe ich mich während des Schlußteils von Herrn Ropohls Referat ganz deutlich gefragt – wir haben das ja auch heute in der Diskussion aufgegriffen –: Ist das durchführbar? Kann man den Demokratisierungs- und Aufklärungsprozeß so weit treiben? Ist die Möglichkeit da, das alles so zu verstehen? Schauen Sie, wenn ich das nur einmal auf eine andere Ebene übertrage, wo es ja eingespielt ist. Also, ich komme aus einem Kanton in der Schweiz, in dem noch die Basisdemokratie hundertprozentig verwirklicht ist, nämlich durch die Landsgemeinde, bei der ein jeder Bürger noch im letzten Augenblick seinen eigenen Antrag einbringen kann, ohne daß er dies vorher irgendwo angemeldet hat, und das muß diskutiert werden. Dies ist die einzige gesetzgebende Behörde, die wir haben. Das ist das

Thing. Das sind immerhin insgesamt in Glarus 11 000 Männer und Frauen, die die Steuergesetze machen. Man stelle sich einmal vor, was ein modernes Steuergesetz, nur ein Umsatzsteuergesetz und ähnliches, bereits für komplizierte Dinge in sich schließt. Das ist schon ein Höchstmaß an Herausforderung für den einzelnen Bürger, sich hier einigermaßen ein Urteil zu bilden. Das kann er ja nur durch eine eingehende Aufklärung. Trotzdem ist er des öfteren überfordert. In den übrigen Abstimmungen geht das heute in den größeren Kantonen mit dem Referendum und mit der Initiative. Z. B. bei den letzten Abstimmungen an einem einzigen Sonntag sind das in manchen Kantonen kommunal, kantonal und eidgenössisch etwa zehn Sachvorlagen, über die der einzelne Bürger verantwortlich selber entscheiden soll: Bin ich dafür oder dagegen? Betoninitiative, Kleeblattinitiative – Sie haben sicher davon gehört. Das ist eine wahnsinnige Herausforderung des einzelnen. Das geht natürlich nur in einem kommunikativen Prozeß. So hat zum Beispiel der Kanton in der Landsgemeinde beschlossen, jede extrakorporale Befruchtung im Kanton zu verbieten. Auf Antrag der Evangelischen Landeskirche hat die Landsgemeinde dies zu einem generellen Verbot erlassen. Jetzt muß man natürlich zuerst fragen: Ist dies noch mit der schweizerischen Verfassung überhaupt vereinbar? Jetzt kommt wieder das Problem von Freiheit und Gleichheit. Das sind die beiden Prinzipien. Mir ist nur ständig all das in den Sinn gekommen, als Sie von diesem wunderschönen Modell sprachen, Demokratisierung, Minderheitenschutz und mögliche Konsensbildung – da sagten Sie allerdings einschränkend: nur dort, wo es um ein globales Problem geht. Aber schon bei den weniger globalen Problemen ist das ein enorm schwieriger Prozeß.
Thurau: Ich wollte noch einmal kurz an das anschließen, was Sie gesagt haben, Herr Fischer, über die Transparenz, die die Biologen mit ihrer neuen Wissenschaft betrieben hätten. Zumindest die Industrie scheint da ja nicht ganz mitgespielt zu haben. Wenn man an die Genehmigungsverfahren denkt, die im letzten Jahr in Marburg, in Ludwigshafen und in Aachen abgelaufen sind, da mußte jeweils die Genehmigungsbehörde das Verfahren aussetzen, weil die Antragsunterlagen der jeweiligen Firmen nicht den Anforderungen des Bundesemissionsschutzgesetzes genügt ha-

ben. Also das nur als Hinweis darauf, daß es die Industrie mit dem Willen zur Öffentlichkeitsbeteiligung oder zur Öffentlichkeitsinformation in diesen Fällen wohl nicht so ganz ernst genommen hat.

Abshagen: Das kann man so nicht stehenlassen. Wir waren da zwar überhaupt nicht beteiligt. Insofern tue ich mich mit einer Antwort leicht, da ich ein Unbeteiligter bin. Aber haben Sie sich in Marburg oder in Ludwigshafen oder bei Grünenthal in Köln die Unterlagen einmal angesehen? Haben Sie einen eigenen Eindruck davon?

Thurau: Also ich weiß, daß es in Ludwigshafen die BASF zuerst mit sechs Seiten versucht hat, wobei man wissen muß, daß aus diesen Unterlagen Risikoabschätzungen, soweit sie möglich sind, hervorgehen müssen, so daß die Genehmigungsbehörden überhaupt eine Grundlage haben, darüber zu entscheiden. In Marburg z. B. wurde überhaupt nicht in den Unterlagen, die dann öffentlich auslagen, erwähnt, mit welchem Plasmid in dem Fall überhaupt gearbeitet wird. So, denke ich, ist eine sinnvolle Risikobeurteilung nicht möglich.

Abshagen: Da müssen Sie unterscheiden zwischen dem, was öffentlich ausgelegt wird, und dem, was unter Geheimnisschutz der Behörde vorliegt. Das ist ungleich mehr. Natürlich liegen da die Plasmide und die sicherheitstechnischen Bedingungen vor. Es ist ja so, daß beispielsweise sowohl in Marburg wie in Köln mir berichtet wurde – Mitarbeiter meines Unternehmens waren dort und haben sich das angesehen –, daß Japaner seitenweise die ausliegenden Unterlagen photographiert haben, weil sie immer noch für die japanische Industrie interessant genug waren. Da müssen Sie die Grenzen sehen. Was soll denn die Öffentlichkeit mit einer detaillierten Beschreibung von Plasmiden anfangen? Daß das Ministerium, daß die Zulassungsbehörde – das wird ja durch das BGA, durch die ZKBS geprüft – diese dem Geheimnisschutz unterliegenden Unterlagen haben muß und gehabt hat, das ist ja völlig unbestritten. Aber was soll denn die Öffentlichkeit damit anfangen?

Thurau: Immerhin sind das ja öffentliche Genehmigungsverfahren, die durchgeführt werden können. Sie können, sagen wir einmal, Wissenschaftler, die sich kritisch zur Gentechnik äußern,

nicht insoweit für dumm verkaufen, daß sie angeblich nichts mit solchen Unterlagen anfangen könnten.
Abshagen: Das ist nicht das einzige Argument. Der große Querschnitt der Öffentlichkeit kann damit in der Tat überhaupt nichts anfangen. Die Kritik der Wissenschaftler ist auf den dazu eingerichteten demokratischen Ebenen der Zentralen Kommission für Biologische Sicherheit des Bundesgesundheitsamtes hinreichend vorhanden. Davon müssen Sie ausgehen. Dem steht gegenüber der in unserem Staat wie in allen freien Staaten erforderliche Geheimnisschutz von betrieblichen Geheimsachen.
Fischer: Das Problem liegt darin, wie man diese vorgeschlagene Demokratisierung oder Öffentlichkeitsmitbeteiligung konkret durchführen soll. Eben auch die Frage, meine ich, was der Öffentlichkeit jetzt nicht nur an Risikoverantwortung zumutbar ist, sondern auch an Informationsstand. Also wie soll die normale Öffentlichkeit Plasmide beurteilen? Das ist ja das Problem. Was muß ein Politiker wissen, oder was muß ein Verantwortlicher wissen, um überhaupt entscheiden zu dürfen?
Lehner: Ich wollte nur noch einen Satz dazu sagen. Ich komme aus der Ecke Freiburg–Basel. Wir haben die ganze Sandoz-Geschichte gehabt. Wir haben die übrigens sehr erfolgreichen Kämpfe gegen Atomkraftwerke in Wiehl und Kaiseraugst erlebt. Wir sind jetzt eigentlich an einem Punkt angelangt, wo es Leute sowohl bei den Bürgerinitiativen gibt als auch schon in den großen Unternehmen, die der Meinung sind, daß die Probleme, die auf uns zukommen, nur in einer Art von großer Koalition gelöst werden können, daß also diese Berührungsangst, diese Feindschaft zwischen den Bürgerinitiativen, die nun ihre Ängste in irgendeiner Weise politisch formulieren und Einsprüche machen, Dinge verhindern oder zu verhindern suchen auf der einen Seite und der Industrie auf der anderen Seite, die ja nun weiterarbeiten will, ohne dauernd behindert zu werden, und andererseits als dritter Faktor, daß wir in zunehmendem Maße von allen möglichen Müll- und Giftproblemen belastet werden – daß hier eigentlich eine Zusammenarbeit nötig wäre und nicht ein permanentes Gegeneinanderarbeiten und Hickhack. Deswegen habe ich vorhin das Vertrauensproblem angesprochen. Die eine Seite ideologisiert die andere. Das gilt

für beide Seiten. Es ist hier ein Freund-Feind-Schema immer noch am Werk, das letztendlich verhindert, daß diese wirklich drängenden Fragen, die im Interesse aller gelöst werden müssen, überhaupt gemeinsam angepackt werden, sondern man schiebt sich nur gegenseitig den Schwarzen Peter zu. Das ist sehr bedauerlich.

Dallibor: Man mag seinen Zweifel daran haben, ob das von Ihnen, Herr Ropohl, vorgeschlagene Demokratisierungsmodell überhaupt universell anwendbar ist. Wir sind hier eingeladen von einem pharmazeutischen Unternehmen. Es gab ja wohl auch Arzneimittelkatastrophen. Die Frage wäre: Könnte man sich vorstellen, Herr Abshagen, daß beispielsweise die Öffentlichkeit beteiligt wird an der Entscheidung darüber, welche Medikamente auf den Markt kommen, und nicht nur das Bundesgesundheitsamt? Ist das überhaupt vorstellbar von Ihren unternehmerischen Konzeptionen her?

Abshagen: Ich hätte gerne zuerst noch hierzu etwas gesagt. Wenn ich mich dann Herrn Lehner zuwenden daf. Zum einen, schon zu Ihrem vorhergehenden Beitrag habe ich dankbar bemerkt, daß Sie zumindest der Mehrheit der in der Industrie Tätigen die Motivation, zu dem Fortschritt, zur Vermehrung des Guten beizutragen, unterstellen.

Lehner: Sehen Sie, das ist schon das Problem. Warum sollte ich das nicht tun?

Abshagen: Weil es leider nicht alle so tun. Lassen Sie mich das doch einmal positiv und dankbar sagen. Zum zweiten nehme ich Ihre Anregung sehr ernst und bin von meiner Seite auch überzeugt, daß wir hier wirklich alle und von allen Seiten dran zu arbeiten haben, daß wir den Konsens vergrößern müssen und daß wir die Probleme, die uns jetzt und in der Zukunft bedrängen, nicht nur im Konsens der Fachexperten, sondern im möglichst breiten Konsens mit den gesellschaftlich tragenden Gruppen lösen müssen. Eine Nutzen-Risiko-Abwägung öffentlich und breit zu diskutieren ist allerdings ein sehr schwieriges Problem. Ich meine, ich bin von der Ausbildung her Arzt und war lange intensivmedizinisch tätig, bevor ich Manager wurde, so daß mir also eine Nutzen-Risiko-Abwägung sozusagen in Fleisch und Blut übergegangen ist. In meiner jetzigen

Position ist das Prinzip nicht anders, als es vorher bei meiner ärztlichen Tätigkeit der Fall war. Nur, eine Nutzen-Risiko-Abwägung setzt ein recht hohes Maß von Sachkenntnis sowohl nach der Nutzen- wie nach der Risikoseite voraus. Da beginnen die Probleme sozusagen der Veröffentlichung, denn Sie müssen leider Gottes – ich würde mich freuen, wenn wir alle daran arbeiten, dieses zu verbessern – mit einem sehr selektiven Wahrnehmungsvermögen in weiten Kreisen der sogenannten Öffentlichkeit rechnen, wo die Prädominanz des Negativen – jetzt anders, als das Jonas gemeint hat – eine weitverbreitete Sache ist. Immer dann, wenn der Betroffene nicht genau die Zusammenhänge zwischen zu erwartendem Nutzen und entgegenstehendem Risiko selbst überschauen kann, wenn er Bruchstücke versteht, bekommt das, was er auf dem Negativsaldo versteht, aus psychologisch einsehbaren Mechanismen eine ganz erhebliche Dominanz. Das ist die Gefahr, daß sich das dann verselbständigt. Ich möchte das nicht zur Begründung nehmen, nicht in die Diskussion einzutreten. Aber ich möchte darauf hinweisen, daß diese Gefahr sehr real ist. Wenn wir uns dann auf das zurückziehen, daß wir einen Konsens aller Beteiligten fordern als Handlungsvoraussetzung, dann sehe ich ganze erhebliche Probleme, denn – Herr Böckle hat ja in seinem Vortrag kurz darauf hingewiesen – auch das Nichthandeln ist in der Konsequenz häufig ein Handeln und gelegentlich – zumindest wenn ich wieder die Analogie zur Intensivmedizin, wo ich ursprünglich herkomme, nehme – die schlechteste Entscheidung, die man treffen kann.

Jetzt zu dem, was Herr Dallibor gesagt hat. Ob ich mir vorstellen kann, daß die Entscheidungen über die Einführung eines Medikamentes öffentlich erörtert, diskutiert werden. Also damit habe ich meine Probleme, denn dieses wäre ja eine Art Bedürfnisprüfung. Ich habe nichts gegen eine Bedürfnisprüfung per se. Die nehmen wir intern sowieso vor, denn wenn wir nicht der Meinung wären, daß das Bedürfnis des Kunden und des Marktes, in dem Fall also der Patienten und der Ärzteschaft, existierte, dann würden wir uns ja nicht auf die Entwicklung eines Arzneimittels einlassen, denn dann könnten wir es nie zu wirtschaftlich vernünftigen Bedingungen vertreiben und das eingesetzte Kapital

wieder zurückbekommen. Aber diese Diskussion öffentlich zu betreiben, da habe ich meine Probleme.
Zum einen, wir arbeiten ja in einem hochkompetitiven Umfeld, und wir reden über Bedürfnisse bei der Konzeption eines Arzneimittels in zehn, fünfzehn Jahren, weil das die Entwicklungszeiten sind. Eine öffentliche Erörterung in dem hochkompetitiven Umfeld, in dem wir uns befinden, aus beispielsweise Erkenntnissen einer hypothetisch völlig neuen Behandlung, sagen wir einmal, von Autoimmunerkrankungen, die möchte ich nicht auf dem offenen Markt diskutieren. Das kann ich nicht. Wenn wir allerdings dann schon so weit sind, daß das die zehn, zwölf Jahre Entwicklung hinter sich hat, dann die Bedürfnisdiskussion in der Öffentlichkeit zu führen, ob das eingeführt werden soll, das hat dann natürlich auch schon erhebliche Limitierungen, weil Sie ja dann schon Fakten geschaffen haben. Also damit habe ich meine Probleme. Daß wir aber mit der Öffentlichkeit bei einer neu einzuführenden Strategie in der Arzneimitteltherapie nicht nur über den Nutzen, sondern auch über das Risiko reden – das, was Sie gemeint haben –, dafür bin ich durchaus, im Sinne eines guten Verkäufers, wie Sie es genannt haben.
Dallibor: Man kann verstehen, daß ein solches Partizipationsmodell, wie es hier vorgeschlagen wurde, eben massiv in Ihre unternehmerischen Interessen eingreift und daß Sie sich dagegen wehren. Aber dahinter steht natürlich das Problem der Sicherheit, worüber wir jetzt fast eineinhalb Tage diskutiert haben. Die Frage ist natürlich: Wie versuchen Sie, solche Katastrophen – Contergan und ähnliche – zu verhindern? Sie haben ständig Rückrufe – im letzten Jahr, glaube ich, sechs oder sieben. Wie können Sie versuchen, auch der Öffentlichkeit klarzumachen, daß dieses Risiko – ich mag das Wort Restrisiko nicht, das ist eigentlich ein Unding – von Ihnen auch minimiert wird? Bisher ist man ja auch als Journalist in einer sehr schwierigen Situation, weil wir immer von Experten abhängen. Es gab vor zwei Jahren einmal eine große Tagung in Rhodos, hochkarätig besetzt, über ein Medikament, dessen Risiko-Nutzen-Abwägung dahin ging, daß alle Experten sich für das Medikament ausgesprochen haben, unter Abwägung der Risiken. Sechs Wochen später wurde das Medikament vom Markt genommen. Hier bleiben große

Probleme, sowohl für die Experten wie auch für uns Journalisten. Die Frage ist also: Wie können Sie erstens das Risiko minimieren und zweitens der Öffentlichkeit das auch klarmachen?
Abshagen: Das ist natürlich ein uns ständig bewegendes Problem, wie Sie sich unschwer vorstellen können. Zum einen lassen Sie mich einmal vorausschicken, wir haben ein ureigenes Interesse daran, das Risiko zu minimieren, nicht nur jetzt aus einer ethischen Grundhaltung heraus, sondern ganz banal aus einer wirtschaftlich-ökonomischen, kommerziellen Überlegung heraus, denn ein Medikament, das mit zehn, zwölf Jahren Entwicklungszeit vielleicht 150 Millionen, 200 Millionen verschlungen hat und Ihnen dann vom Markt genommen wird, das ist ein sehr großes wirtschaftliches Risiko. Diese wirtschaftliche Seite zwingt unabhängig von ethischen Überlegungen dazu, dieses Risiko des Aus-dem-Verkehr-Ziehens oder des Auftretens von schweren Nebenwirkungen so weit wie nur irgend möglich zu minimieren. Ich glaube, das dürfte einsichtig sein. Daß ich darüber hinaus – ich rede zwar jetzt für mich persönlich, aber ich nehme das auch in Anspruch für meine Kollegen in vergleichbaren Firmen – nicht nur diese Motivation, sondern eine ethische Motivation habe, das, so hoffe ich, können Sie mir abnehmen. Wie machen wir das? Es kam vorhin der Satz: 100% gibt es nicht. Es ist schon zur Genüge gesagt worden, 100%ige Sicherheit gibt es nicht. Wir können das nur approximativ zu erreichen versuchen. Da muß man sagen: Grundsätzlich ist eine Verminderung des Risikos durch Arzneimittel – aber das gilt auch für andere Technologien – nur durch die bewußte Inkaufnahme von einem beschränkten Risiko durch gut geplante experimentelle und klinische Studien möglich. Das heißt, ich muß willens sein. Wenn die Gesellschaft als Solidargemeinschaft nicht mehr willens ist, dieses bewußte Risiko durch geplante Versuche auf sich zu nehmen, dann gibt es keinen Fortschritt mehr, oder, wenn man diese Versuche nicht macht, man rennt in völlig unkontrollierbare Risiken.
Dies zum Grundsätzlichen. Nun zum Praktischen. Wie machen wir das? Stichwort Thalidomid-Katastrophe. Ich bin der Meinung, daß eine Katastrophe wie die des Thalidomids heute in diesem Umfang nicht mehr stattfinden könnte, aber – das muß

ich gleich und gleichgewichtig danebensetzen – es ist überhaupt nicht – auch heute nicht – auszuschließen, daß schwere Arzneimittelnebenwirkungen, so wie Sie sie ja jedes Jahr sehen, auch in Zukunft stattfinden werden. Was wir tun müssen – und da ist in der Tat ein Defizit –, ist, die Instrumente der Beurteilung von Einzelfällen, die auftreten, zu verbessern, um zu einem wirklich sachlich fundierten Urteil über das tatsächliche Risiko zu kommen. Wir sind häufig – wir bedeutet jetzt die Gesellschaft, der Hersteller, die Ärzte, die Zulassungsbehörden, die Gesundheitsbehörden, also die gesamte beteiligte Gemeinschaft –, wir sind häufig in einem Zustand mehr oder minder der Hilflosigkeit, wenn derart unerwartete schwere Nebenwirkungen auftreten, weil die Wissensbasis, ob dies ursächlich mit dem Medikament verbunden ist oder ob es lediglich ein zeitlicher Zusammenhang ist, in aller Regel äußerst schwierig ist. Die Faktenbasis, die Datenbasis, die pharmakoepidemiologische Basis ist zu klein. Hier muß in der Tat mehr getan werden. Nur, das kann nicht vom Hersteller allein gemacht werden. Da muß der Staat, da müssen die Gesundheitsbehörden, da müssen die beteiligten Verkehrskreise, also die Ärzte, beispielsweise in ihrer Meldepflicht, mit dem Hersteller zusammenarbeiten, der aus den erstgenannten Gründen ein höchstes Interesse daran hat, dieses Risiko zu minimieren.

Dallibor: Meinen Sie nicht, daß auch der Arzneimittelmarkt bei uns durchforstet werden müßte? Denn das, was auf dem Markt ist, kommt ja beinahe dem Versuch einer Körperverletzung gleich.

Abshagen: Na ja, das ist jetzt ein sehr provokatives Statement.

Dallibor: Es sind zu viele Medikamente da. 150000 zählt allein die Rote Liste auf.

Abshagen: Nein, die Rote Liste zählt nicht 150000. Sie zählt etwa 8500 in mehreren Darreichungsformen. Dann kommen Sie vielleicht auf 19000 größenordnungsmäßig. 93 % des Marktes beschränken sich in der Bundesrepublik auf 2500 Präparate. Aber ich gebe Ihnen recht, es ist insgesamt deutlich zuviel. Das ist gar keine Frage. Das wird ja derzeit auch gemacht, indem der Altmarkt, also das, was vor Inkrafttreten des ersten Arzneimittelgesetzes auf dem Markt war, in einem EG-weiten Nachzulas-

sungsprozeß durchforstet wird. Ich glaube mit Sicherheit, daß dabei etliches vom Markt verschwindet.
Fischer: Wir können diesen neuen Themenbereich in diesem Rahmen nicht weiter erkunden. Ich breche die Diskussion an dieser Stelle ab und schließe damit die erste Runde der neuen Mannheimer Gespräche. Ich danke allen Teilnehmern und wünsche, daß wir gemeinsam einen Weg finden, auf dem das Abenteuer der Wissenschaft, auf das sich die westliche Gesellschaft eingelassen hat, sicher weiterkommen kann. Die Suche nach der verlorenen Sicherheit dauert ihre Zeit, aber sie geht voran. Zu Beginn dieses Jahrhunderts hat man gewiß zuviel von der Wissenschaft erwartet, heute dürfen wir nicht zuviel Angst vor ihr haben. Wissenschaft und Technik stellen ja eine der möglichen Antworten auf die Ausgesetztheit dar, die Menschen immer schon erlebt und gespürt haben, die zu unseren Grunderfahrungen gehört. Schon die griechischen Lyriker des 5. Jahrhunderts vor Christus haben die damit verbundene existentielle Unsicherheit ausgesprochen, die den Menschen damals bestimmt und bis heute geformt hat. Ich möchte zuletzt den Beginn der Totenklage des Simonides zitieren, in der um das bei einem Hauseinsturz ausgelöschte thessalische Fürstengeschlecht getrauert wird. Diese Zeilen bringen wieder die schwarze Wand der Zukunft in Erinnerung, mit der wir hier in Mannheim unser Gespräch begonnen haben:

Der du ein Mensch bist, glaube nie zu wissen,
was morgen sein wird,
noch, wenn du einen Mann im Glück siehst,
wie lange es dauern wird.
Denn der Wechsel ist noch plötzlicher als das Schwirren
einer Fliege mit gebreiteten Schwingen
von Ort zu Ort.

Ausgewählte Literatur

C. Améry, Das Ende des Christentums, Hamburg 1972

Bayerische Rückversicherung (Hg.), Gesellschaft und Unsicherheit, Karlsruhe 1987

U. Beck, Risikogesellschaft, Frankfurt 1986

U. Beck, Gegengifte, Frankfurt 1989

A. Bloch, Murphy's Law, Los Angeles 1982

H. Blumenberg, Die Sorge geht über den Fluß, Frankfurt 1987

N. Bischof, Das Rätsel Ödipus, München 1985

I. M. Bochenski, Über den Sinn des Lebens und die Philosophie, Freiburg 1987 (darin das Kapitel: Über einige strukturelle Probleme der Verantwortung)

C. Brauner, Das verdrängte Risiko, Freiburg 1990

G. Chaitin, A random walk in arithmetic, New Scientist, 24. März 1990, 44–47

E. Chargaff, Zeugenschaft, Stuttgart 1985

E. Chargaff, Unbegreifliches Geheimnis, Stuttgart 1986

F. von Cube, Gefährliche Sicherheit, München 1990

J. Dahl, Die Verwegenheit der Ahnungslosen, Stuttgart 1989

D. Dörner, Die Logik des Mißlingens, Hamburg 1988

E. Drewermann, Der tödliche Fortschritt, Regensburg 1986

H. P. Dürr, Das Netz des Physikers, München 1988

Enquête-Kommission des Deutschen Bundestages, Bericht über »Chancen und Risiken der Gentechnologie«

E. Eppler, Wege aus der Gefahr, Hamburg 1981

A. Evers und H. Nowotny, Über den Umgang mit der Unsicherheit, Frankfurt 1987

E. P. Fischer und W.-D. Schleuning (Hg.), Vom richtigen Umgang mit Genen, München 1991

J. Herbig und R. Hohlfeld (Hg.), Die zweite Schöpfung, München 1990

A. Huning (Hg.), Ingenieurausbildung und soziale Verantwortung, Düsseldorf/Pullach 1974

H. Jonas, Das Prinzip Verantwortung, Frankfurt 1979

H. Jonas, Technik, Medizin, Ethik, Frankfurt 1987

K. Halbrock, Gentechnik und Biologische Sicherheit, Naturwissenschaften 76: 560–564 (1989)

F. X. Kaufmann, Sicherheit als soziologisches und sozialpolitisches Problem, Stuttgart 1973

W. Kirsch, Einführung in die Theorie der Entscheidungsprozesse, Wiesbaden 1977
A. Kuhlmann, Alptraum Technik?, Köln 1977
H. Lenk und M. Maring, Verantwortung und soziale Fallen, Ethik und Sozialwissenschaften 1 (1990): 49–57
H. Lenk und G. Ropohl (Hg.), Technik und Ethik, Stuttgart 1987
R. Löw, Leben aus dem Labor, München 1985
W. W. Lowrance, Of acceptable risk, Los Altos 1976
N. Luhmann, Soziologie der Moral, in Theorietechnik und Moral, herausgegeben von N. Luhmann und S. Pfürtner, Frankfurt 1978
N. Luhmann, Ökologische Kommunikation, Opladen 1986
H. Lübbe, Politischer Moralismus, Berlin 1987
H. Lübbe, Nichttechnische Disziplinen in der Vorbereitung auf die gesellschaftliche Verantwortung des Ingenieurs, in A. Huning (1974), S. 177–189
H. Markl, Natur als Kulturaufgabe, Stuttgart 1986
H. Markl, Chemische Forschung und wirtschaftliche Entwicklung, in Chancen für die Chemie der Zukunft, Gewerkschaftstag der IG Chemie im Sept. 1988 in Karlsruhe, Hannover 1988
H. Markl, Wissenschaft – Zur Rede gestellt, München 1989
A. McRobie und M. Thompson, Chaos, catastrophes and engineering, New Scientist, 9. Juni 1990, S. 41–45
K. M. Meyer-Abich, Wissenschaft für die Zukunft, München 1990
L. Mumford, Mythos der Maschine, Frankfurt 1977
Ch. Perrow, Normale Katastrophen, Frankfurt 1989
M. Perutz, Ging's ohne Forschung besser?, Stuttgart 1988
K. Popper, Auf der Suche nach einer besseren Welt, München 1984
J. Radkau, Technik in Deutschland, Frankfurt 1989
F. Rapp und P. T. Turbin (Hg.), Technikphilosophie in der Diskussion, Braunschweig/Wiesbaden 1982
E. Raschke (Hg.), Leben ohne Risiko?, Köln 1989
REFA Methodenlehre des Arbeitsstudiums, Teil 1 – Grundlagen, München 1984
G. Ropohl, Die unvollkommene Technik, Frankfurt 1985
G. Ropohl, W. Schuchardt und R. Wolf (Hg.), Schlüsseltexte zur Technikbewertung, Dortmund 1990
R. P. Sieferle, Fortschrittsfeinde?, München 1984
D. Thurau (Hg.), Gentechnik – Wer kontrolliert die Industrie?, Frankfurt 1989
G. Vollmer, Evolutionäre Erkenntnislehre, Stuttgart 1980
G. Vollmer, Darf man Falsches lehren?, Naturwissenschaften 76: 185–193 (1989)
M. Weber, Politik als Beruf, 1919; zitiert nach M. Weber, Soziologie, Universalgeschichtliche Analysen, Politik, hg. von J. Winckelmann, Stuttgart 1973
M. Weber, Wirtschaft und Gesellschaft, Köln 1964
M. Weber, Die protestantische Ethik und der Geist des Kapitalismus, München 1969
W. Ch. Zimmerli, Wandelt sich die Verantwortung mit dem technischen Wandel?, in Lenk/Ropohl (1987), S. 92–111